KB040823

다음 세대를 생각하는
인문교양 시리즈

아우름 36

우연이 아닌 선택이 미래를 바꾼다

선택을 마주하는 우리의 자세

류대성 지음

샘터

우리의 삶은
선택 가능한 것일까?

2016년 겨울과 2017년 봄은 우리 역사에서 잊을 수 없는 순간으로 기록될 것입니다. 헌정사상 유래가 없는 대통령 탄핵 사건 때문이 아니라 평범한 시민들이 들고 일어난 촛불의 위력 때문입니다. 23차에 걸쳐 연인원 1,685만 명이 넘는 사람들이 참여해 민주주의가 무엇인지 보여줬습니다. 이념과 정파를 떠나 사람 사는 세상에 대한 최소한의 기준을 돌아보게 한 시간이었습니다. 광화문을 가득 메운 사람들은 우리들의 가족, 친구, 이웃이었습니다.

썩은 환부가 곪아 터진 건 국정농단이나 정쟁 때문이 아니라 정유라가 SNS에 올린 "능력 없으면 니네 부모 원망해. 있는 우리 부모 가지고 감 놔라 배 놔라 하지 말고. 돈도 실력이야"라는 글 때문이었는지도 모르겠습니다. 사회 계층 이동의 유일한 사다리가 부러진 느낌이었습니다. 대학 입시마저 그들만의 리그가 있다는 사실에 청년들은 절망했습니다. 대학 교수들이 직접 나서 정유라를 입학시킨 정황은 21세기 대한민국의 민낯이었습니다. 탄생 조건이 인생을 좌우하는 현실의 모순을 극명하게 드러낸 사건이었습니다. 오래전 "원하는 것은 무엇이든 얻을 수 있고 뜻하는 것은 무엇이건 될 수가 있어"라고 노래한 정수라의 건전가요 〈아! 대한민국〉은 희망고문이었을까요?

짱돌 대신 스마트폰을 들고 대자보 대신 SNS로 집회를 준비한 청년들의 목소리는 '노오력'으로 바꿀 수 없는 현실에 대한 분노였습니다. 부정 입학은 물론 은행과 공기업 등에서 각종 취업 비리가 잇달아 드러나자, 2품 이상 관리의 자제에게 무시험으로 관리가 되도록 하는 조선 시대의 '음서 제도'가 떠올랐습니다. 자유롭고 평등한 세상이지만 '원하는 것은 무엇이든 얻을 수 있고, 뜻하는 것은 무엇이건 될 수가 있는' 사람은 정해져 있었습니다. 부모의 경제력과 사회적 지위에 따라 자식들의 삶이 결정된다는 '수저론'에 모두 고개를 끄덕입니다. 선택할 수 있다고 믿었던 소시민들의 미래는 허망한 꿈에 불과한 걸까요?

엄청난 '우연'과 '선택'의 결과가 수많은 경우의 수를 만들어냅니

다. 우리 삶은 이렇게 복잡하고 대책 없는 사건들의 연속입니다. 그
래서 때때로 불공평한 세상에 분노하고, 때로는 자신의 선택을 원망
합니다. 우리의 삶은 선택 가능한 것일까요? 근본적인 질문 앞에 자
신 있게 나설 수 있는 사람은 없을 겁니다. 조건과 상황에 따라 같은
선택도 다른 결과를 가져오기 때문입니다. 좋은 선택이 나쁜 결과를
낳고, 나쁜 선택이 좋은 결과를 만들기도 하죠.

'그럼에도 불구하고' 우리는 의지와 노력을 포기할 수 없습니다.
우연이나 운명보다는 나의 선택이 내 삶을 바꾼다는 믿음 때문입니
다. 그래서 좀 더 나은 선택을 위해 고민하고, 선택의 기준과 방법
에 대해 궁금해합니다. 문제는 선택할 수 있는 것보다 어쩌면 선택
할 수 없는 것이 더 많을지도 모른다는 점입니다. 이 책에 등장하는
채영, 연우, 태균, 혜진, 영기, 경화, 명옥이 일상에서 겪는 선택의 순
간과 갈등 상황은 누구에게나 익숙한 장면들입니다. 10대부터 60대
까지 세대별로 고민이 다르고, 선택해야 할 것들에도 차이가 있습니
다. 그들의 경험은 곧 나와 친구, 가족, 이웃들의 이야기입니다.

선택은 대체로 경제학과 심리학에서 다룹니다. 경제학은 효율성
을 추구하며, 심리학은 오류를 따져봅니다. 그러나 복잡한 이론이

현실을 설명하거나 실제 생활의 문제를 해결해주지 못합니다. 이 책에서는 널리 알려진 경제학과 심리학의 이론들뿐 아니라 철학과 사회학 등 다양한 분야에서 '선택'할 때 도움을 얻을 수 있는 아이디어를 빌려왔습니다. 인간의 삶이 과연 선택 가능한지, 선택할 수 없는 삶의 조건은 어떻게 받아들여야 하는지에 대한 오랜 생각들을 정리했습니다.

수많은 책과 책들 사이에서, 수많은 사람들과의 관계에서 얻은 지식과 경험과 사유의 흔적들이지만 특별한 비법이 아니라 독자 스스로 읽고 생각함으로써 주체적인 선택을 할 수 있다고 믿습니다. 부디 선택의 원인과 결과에 대해 좀 더 넓고 깊게 생각하는 시간이 되었으면 좋겠습니다.

2019년 1월,
류대성

| 차 례 |

여는 글 우리의 삶은 선택 가능한 것일까? _ 4

제1부 선택해야 하는 삶의 순간들

1장 인생은 선택의 연속이다

10대, 공부냐 놀이냐 _ 14

20대, 남들이 가지 않은 길 _ 22

30대, 낭만적 사랑과 결혼 _ 29

40대, 무자식 상팔자의 시대 _ 36

50대, 인생 이모작의 시작 _ 44

60대, 아름다운 마무리를 위한 준비 _ 52

2장 선택의 기준과 방법

지속 가능한 행복의 가격 _ 60

차별과 혐오 없는 선택 _ 70

모두가 만족스러운 정의 _ 80

이기적 욕망을 위한 선택 _ 91

제2부 선택할 수 없는 삶의 조건들

3장 선택할 수 없다고 포기하면 안 된다

성별이 운명이라는 착각 _ 106

부모와의 적당한 거리 _ 113

우리가 사는 시대에 대한 고민 _ 121

대한민국의 주인으로 살아가기 _ 128

인종보다 중요한 생각의 차이 _ 135

종교의 자유가 있다는 오해 _ 142

4장 선택 불가능한 것들을 위한 선택

인정하고 받아들여야 할 때 _ 150

언제나 최선일 수는 없는 법 _ 160

참고 견디는 시간의 중요성 _ 170

선택은 변화와 실천의 시작일 뿐 _ 180

닫는글 선택의 순간, 그 후의 이야기들 _ 190

제1부

선택해야 하는
삶의 순간들

1장.

인생은
선택의 연속이다

10대,
공부냐 놀이냐

아이돌 그룹 엑소의 광팬이던 연우는 고등학교에 입학한 후 우연히 듣게 된 박효신의 노래에 빠졌습니다. 콘서트에 가기 위해 열심히 용돈을 모으기 시작한 건 당연한 팬심이죠. 티켓 오픈과 동시에 마음을 졸이며 미친 듯이 마우스를 클릭합니다. 친구, 언니, 엄마까지 총동원하여 운 좋게 1, 2차 예매에 모두 성공합니다. 둘 중 하나를 선택할 수 있는 여유가 생긴 것입니다. 연우는 어느 날이 좋을지 고민했지만 쉽게 결정을 내리지 못합니다. 혹시라도 갑자기 몸이 아파 못 가거나 지하철이 고장 나 제시간에 도착하지 못할 수도 있다는 노파심에 어느 티켓도 포기할 수 없었습니다. 티켓 한 장을 취소

우연이 아닌 선택이 미래를 바꾼다

하면 13만 원을 환불받을 수 있었지만 연우는 결국 '콘서트의 감동은 매번 다르다'는 명언을 남긴 채, 가족과 친구들의 만류를 무릅쓰고 콘서트를 두 번 다 보러 갔습니다. 티켓 비용은 총 26만 원.

경제학에서 말하는 기회비용은 하나를 선택함으로써 포기해야 하는 다른 가치를 표시한 비용입니다. 13만 원으로 박효신 콘서트에 가는 것보다 더 재미있는 일을 할 수 있거나 더 큰 만족을 얻는 물건을 살 수 있다면, 연우는 콘서트 한 번을 포기했을지도 모릅니다. 사고 싶던 옷과 가방, 운동화나 이어폰은 박효신 콘서트를 위한 기회비용입니다.

연우는 콘서트 전날 밤 잠도 오지 않습니다. 아침부터 서둘러 준비하여 콘서트가 열리는 잠실에 일찍 도착한 후 몇 시간 동안 줄을 서서 굿즈를 받고 드디어 기다리고 기다리던 박효신의 라이브를 즐깁니다. 공연이 끝나고 집에 돌아올 때는 황홀하게 지나가 버린 공연이 아쉽기만 합니다. 그래서 내일 한 번 더!

공연이 끝날 시간에 맞춰 연우를 데리러 간 엄마 경화의 머릿속은 복잡합니다. 밤 12시가 다 되어서야 연우와 함께 집에 도착한 경화는 티켓 '비용'보다 티켓 오픈과 공연 날짜를 기다리느라, 그리고 주말 이틀을 통째로 콘서트에 가느라 날려버린 '시간'이 아깝습니다. 남들은 학원이다 과외다 주말에도 바쁘게 쫓아다니는데 공부보다 '팬질'에 몰두하는 아이의 미래가 걱정입니다. 기회비용은 물질적 가치뿐 아니라 돌이킬 수 없는 시간까지 포함된 개념입니다.

바야흐로 '덕후'의 시대가 도래했습니다. 오랜 '덕질' 끝에 전문가를 넘어서고 아예 덕질을 직업으로 삼는 사람도 심심찮게 만날 수 있습니다. 정도의 차이는 있겠지만, 학창 시절을 돌이켜보면 누구나 한 가지쯤 몰입했던 일들이 있을 겁니다. 아이돌 가수는 물론 컴퓨터 게임, 축구와 야구 등 각종 스포츠, 만화와 애니메이션, 프라모델 조립과 피규어 수집 등등. 하지만 대부분의 사람은 청소년기의 몰입과 덕질을 '공부'에 대한 기회비용으로 생각하며, '공부를 그렇게 열심히 했더라면'이라고 아쉬워하죠. 하지만 그때로 돌아간다면 정말 공부에만 몰두해서 성공할 수 있을까요? 실컷 놀고 즐겁게 지내며 행복한 추억으로 가득 채운 그 시절을 진정 후회하고 있을까요? 모든 사람에게 과거는 돌이킬 수 없는 사건입니다. 후회는 가능하지만 내가 선택할 수 있는 시간은 '현재'뿐입니다. 그리고 미래는 현재의 선택에 따른 결과입니다.

10대에게 가장 흔한 갈등의 순간은 '공부'냐 '놀이'냐의 선택입니다. 때로는 야자에 빠지고, 학원에 가지 않고, 과외를 미루기도 합니다. 학교 공부가 대부분 상급학교 진학을 위한 수단에 불과하기 때문입니다. 한마디로 '노잼'이죠. 올챙이에게 뒷다리가 생기고 개구리가 되는 과정을 관찰하던 호기심이, 혹은 그림책을 보며 느꼈던 감동이 시험 점수로 환원되는 공부가 되면 재미있을 리 없습니다.

우연이 아닌 선택이 미래를 바꾼다

그래도 여전히 대다수 10대는 이 지겨운 공부와 시험을 견딥니다. 즐기는 게 아니라 버팁니다. 만약 '미래'를 선택할 수 있다면 누가 친구들과 즐겁게 놀고 취미 생활을 하는 대신 공부를 선택할까요? '과거'에 대한 반성과 성찰은 대부분 가정법입니다. 아마 다시 그 시절로 돌아가도 선택은 크게 달라지지 않을 가능성이 큽니다.

어떤 종류의 공부인지에 따라 선택이 달라질 수도 있습니다. 좀 더 빠르고 안전하게 이동하는 방법을 연구하기 위해 자동차에 관한 공부를 하는 학생에게 공부가 고통스러울까요? 좀 더 맛있는 빵을 만들기 위해 발효의 원리를 공부하고 효모에 대해 연구하는 학생은 공부가 지겹지 않을 겁니다. 반대로 피아노를 연주하고 그림을 그리는 일도 입시를 위한 무한 반복 연습이라면 지루한 노동일 겁니다. 결국 공부의 핵심은 호기심과 자율성입니다. 자신이 좋아하는 일, 흥미를 느끼는 분야를 들여다보고 고민하는 공부는 오히려 놀이에 가깝습니다.

공부는 영어 단어를 암기하고 수학 문제를 푸는 일이 아니라 인간과 세상에 대한 호기심에서 비롯되어야 합니다. 알고 싶은 분야를 들여다보고 스스로 고민하는 과정이 공부입니다. 이것은 바로 놀이의 정신과 다르지 않습니다. 공부를 놀이로 만들고 놀이를 통해 공부하는 태도가 가장 현명한 선택입니다.

하지만 현실적으로 공부를 놀이처럼 여기는 사람은 거의 없습니다. 또, 놀이를 통해 공부에 몰입하는 경우도 흔치 않습니다. 우리는 학교와 학원에서 강의식으로 진행되는 주입식 교육에 익숙합니다. 점수로 표시되는 결과에 따라 당락이 결정되고 승자와 패자로 나뉘는 공부는 절대로 놀이가 될 수 없습니다. 선발 효과만 노릴 뿐 입학만 하면 졸업장을 쥐어주는 대학에서 공부의 재미를 느끼기는 쉽지 않습니다. 많은 사람들이 공부를 '못'하는 게 아니라, 현실이 공부를 '안' 하게 만듭니다.

공부가 놀이처럼 즐거운 학교, 놀이를 통해 좀 더 깊이 탐구하고 싶은 분야를 찾고 자연스럽게 진로를 선택할 수 있는 교육은 불가능할까요? 우리는 단순히 공부와 놀이를 선택의 문제라고 생각합니다. 기성세대는 '공부에는 때가 있다'는 말로 10대를 위협하지만, 이 말은 상급학교 진학과 졸업장을 위한 공부만을 의미합니다. 공부에 늦은 때란 없습니다. 새로운 지식과 정보가 매일매일 생산되는 시대를 사는 우리는 평생 공부를 놀이처럼 여겨야 합니다. '지금 공부하지 않으면 나중에 후회한다'는 협박도 위험합니다. 오로지 수치화된 시험 성적으로 사람을 평가하고, 빠른 계산 능력과 효율성을 추구하던 시대는 지났습니다. 4차 산업혁명 시대에는 공부와 일을 놀이로 즐길 줄 아는 사람, 남들과 다르게 창의적으로 노는 사람이 필요합니다. 우리는 사람과 자연과 세상을 낯설게 바라보는 새로운 시각과 아이디어를 요구하는 시대를 살고 있습니다.

우연이 아닌 선택이 미래를 바꾼다

순간의 선택이 평생을 좌우할 수도 있습니다. 그 선택에 만족하려면 자발적이고 주체적인 태도가 필요합니다. 자기 선택에 <u>스스로</u> 책임지는 자세가 신중한 태도를 길러줍니다. 즐거운 공부, 지겨운 놀이가 얼마나 많은가요. 선택의 순간마다 우리가 떠올려야 하는 또 하나의 기준은 지속성입니다. 앞으로 얼마나 오랫동안 나를 즐겁고 행복하게 할 수 있는 일인가 생각해보세요. 순간을 영원으로 만드는 방법은 자기 욕망에 충실하면서도 지속 가능한 즐거움을 얻을 수 있는 선택입니다.

　　다시 연우에게 돌아가 보죠. 그토록 기다리던 박효신 콘서트를 보러 간 연우에게 사실 문제가 있었습니다. 콘서트장 입구에서 티켓이 없어진 걸 알게 된 것입니다. 연우는 '가방 구석에 있을 거야', '지갑 깊숙이 넣어놨을 거야'라고 기대하다가 '엄마 차에 두고 내렸나', '편의점에서 음료수 사다가 떨어뜨렸나'라며 불안해하기 시작합니다. 뒷주머니까지 샅샅이 훑었으나 공연 티켓을 찾을 수 없습니다. 이때, 연우의 불안한 표정을 놓치지 않는 한 사람이 있습니다. 조용히 다가와 귓가에 속삭입니다. "친구가 일이 생겨서 그런데, 티켓 15만 원에 안 사실래요?" 암표 장사의 뻔한 멘트를 듣고 갈등이 시작됩니다. '어차피 내일 볼 거잖아. 다행히 2차 콘서트 표도 샀으니까 오늘은 아쉽지만 집에 가자! 아니야, 오빠의 공연은 매번 달라. 공연 당일의 컨디션, 관객의 반응, 날씨와 기분에 따라 감동이 다르다고. 암표라도 사서 볼 거야!' 당신이라면 어느 쪽을 선택할까요?

경제학에서 '매몰비용의 오류'는 비합리적인 선택의 결과를 설명합니다. 매몰비용은 일단 지출한 후에는 어떤 선택을 하든지 회수할 수 없는 비용인데, 이미 투입된 매몰비용, 쉽게 말해 본전이 생각나서 포기하지 못하고 더욱 깊이 개입하는 의사결정 과정을 매몰비용의 오류라고 말합니다. 영국과 프랑스가 합자해서 만든 세계 최초의 초음속 여객기 콩코드는 지나친 투자비와 낮은 연비로 경제성에 문제가 많았습니다. 하지만 이 프로젝트를 주도한 사람들은 이미 너무 많은 투자를 했기 때문에 모든 걸 포기할 수가 없었고 정부 차원의 재정 지원이 계속됐습니다. 산업 심리학자들은 이런 현상을 '콩코드의 오류'라고 부릅니다. 연우에게 합리적인 선택은 13만 원을 매몰비용으로 처리하고 아쉽지만 집에 돌아가서 2차 콘서트를 기대하는 것일지도 모릅니다. 두 번의 공연을 통해 얻을 수 있는 기쁨을 돈으로 환산할 수는 없겠지만 41만 원의 비용을 지불할 정도인지는 전적으로 연우의 선택에 달려 있습니다.

10대에게 공부와 놀이 중 하나를 선택하라는 요구는 가혹합니다. 최선의 방법은 공부를 놀이의 개념으로 접근하고 놀이를 공부처럼 진지하게 대하는 태도가 아닐까요. 어떤 공부를 하느냐에 따라, 어떻게 노느냐에 따라 미래는 달라집니다. 놀이와 공부 방법에 따라 진로와 직업이 바뀔 수도 있습니다. 이 말은 이직과 전직, 창업을

우연이 아닌 선택이 미래를 바꾼다

준비하는 직장인에게도 적용됩니다. 평소에 어떻게 놀고 계신가요? 어떤 공부에 재미를 붙이셨나요? 선택의 중요성은 아무리 강조해도 지나치지 않습니다. 다만 선택의 대상이 아니라 방법과 태도를 달리하는 발상의 전환으로 선택의 프레임을 바꿔보면 어떨까요?

20대,
남들이 가지 않은 길

태균은 서울로 유학 온 거창 촌놈입니다. 서울 친구들이 지방에서
온 태균을 그렇게 부릅니다. 하지만 태균의 학창 시절은 서울 친구
들이 모르는 추억으로 가득합니다. 겨울이면 산에 올라가 교장 선생
님과 함께 토끼몰이를 하고, 여름이면 운동장 가득 별이 쏟아질 때
까지 농구를 했으니 촌놈이 아니라고 할 수도 없습니다. 봄에는 예
술제, 가을에는 연극제와 합창제까지 일 년 내내 놀기 바빴습니다.
학생회가 중심이 된 자율적인 활동이었기 때문에 공부는 언제 했는
지 기억이 나지 않을 정도입니다. 친구들과 함께 낄낄거리며 수많은
추억을 남긴 거창고에서의 3년은 태균의 인생에서 중요한 변곡점입

니다. 경영학을 공부하기 위해 서울의 한 대학에 진학했고 여러 가지 아르바이트를 하며 생활하고 있지만, 태균은 회사의 전망이나 연봉보다 거창고의 '직업 선택의 십계명'을 먼저 떠올립니다.

제1계명 월급이 적은 쪽을 택하라.

제2계명 내가 원하는 곳이 아니라 나를 필요로 하는 곳을 택하라.

제3계명 승진의 기회가 거의 없는 곳을 택하라.

제4계명 모든 것이 갖추어진 곳을 피하고 처음부터 시작해야 하는 황무지를 택하라.

제5계명 앞을 다투어 모여드는 곳은 절대 가지 마라. 아무도 가지 않는 곳으로 가라.

제6계명 장래성이 전혀 없다고 생각되는 곳으로 가라.

제7계명 사회적 존경 같은 건 바라볼 수 없는 곳으로 가라.

제8계명 한가운데가 아니라 가장자리로 가라.

제9계명 부모나 아내나 약혼자가 결사반대를 하는 곳이면 틀림없다. 의심치 말고 가라.

제10계명 왕관이 아니라 단두대가 기다리고 있는 곳으로 가라.

교육학자들은 인간의 성장과 발달 과정에 '결정적 시기critical periods'가 있다고 주장합니다. 에릭슨Erik Homburger Erikson은 유아기가 기본적인 신뢰감을 형성하는 결정적 시기이며, 피아제Jean Piaget는 출생부터 2세까지를 감각 운동에 대한 결정적 시기라고 말합니다. 성인이 되면 누구나 한 번쯤 '내 인생의 결정적 시기는 언제였을까?' 하고 생각해봅니다. 그리고 대체로 고등학교를 졸업하면서 전공과 진로를 선택할 무렵을 떠올릴 겁니다. 그런데 살아온 시간을 돌아보면, 대학 신입생 시절 친구를 따라갔던 동아리, 선배의 권유로 시작한 스터디, 재미로 시작한 아르바이트, 혼자 떠난 배낭여행 등이 모두 자기 삶의 변화가 시작된 '결정적 시기'가 아니었을까요?

소설가 김연수는 "청춘은 들고양이처럼 재빨리 지나가고 그 그림자는 오래도록 영혼에 그늘을 드리운다"라고 말했습니다. 영원할 것 같은 젊음은 순식간에 지나가 버립니다. 현실적인 문제에 부딪치면 꿈과 이상은 깨지기 십상입니다. 고등학교 혹은 대학교를 졸업하고 사회에 진출하면서 취업의 좁은 문을 절감하는 청춘에게 '선택'은 어떤 의미일까요?

높은 학점과 영어 점수, 해당 분야의 수상 실적과 자격증은 취업과 진학을 위해 필요한 조건입니다. 주머니에 10만 원이 있는 사람과 5천 원밖에 없는 사람은 점심 메뉴 선택의 폭이 다른 것과 마찬가지입니다. 하지만 스펙만 쌓는 청춘은 시간이 한참 흐른 후에야 깨닫게 됩니다. 그 소중한 시간에만 가능했던 우정과 사랑, 여행과 추억, 경험과 사색의 소중함에 대해서 말입니다. 고등학교 3년처

우연이 아닌 선택이 미래를 바꾼다

럼 대학 4년도 순식간입니다. 정규직 취업만이 청춘의 선택일까요? 오로지 목표 달성을 위한 효율적 시간 관리와 자기 계발만이 올바른 선택일까요?

로드스쿨러 이길보라 감독은 안산 동산고 1학년 때 학교를 그만두고 8개월간 인도와 네팔, 타이와 베트남 등 아시아 8개국을 혼자 여행했습니다. 여행에서 돌아와 탈학교 청소년들을 주인공으로 한 중편 다큐멘터리 〈로드스쿨러〉를 제작했고 자신의 여행기를 담은 《길은 학교다》를 출간했습니다. "더 많은 아이들이 학교를 그만둬야 한다"라고 말하는 이길보라 감독은 작품 활동을 활발히 하며 여러 영화제에서 수상을 이어가고 있습니다.

광운대 인문대 수석 졸업자의 집을 줄인 '광인수집'은 서울 노원구 석계로의 토스트 가게입니다. 오픈 당시 온라인에서 반응이 뜨거웠습니다. 인문학을 장사에 이용한다는 사람, 인문계 졸업자 구십 퍼센트가 논다는 '인구론'의 산 증인이라는 사람 등등. 회사를 그만두고 자기 사업을 시작한 광인수집의 이준형 대표는 이 시대 청춘들에게 자기가 하고 싶은 일을 해도 행복할 수 있다는 걸 보여주는 '희망'이 되고 싶다고 말합니다.

"오늘 나는 대학을 그만둔다, 아니 거부한다"라는 당돌한 대자보로 뉴스에 오르내리던 김예슬 씨를 기억하는지요. 사회운동단체 나눔문화 사무처장으로 일하면서 펴낸 책 《촛불혁명》이 주목받고 있습니다. 모두 세상을 조금 다른 방식으로 살아가는 사람들입니다. 주어진 선택지 중에서 가장 좋은 게 무엇인지 고민하는 대신 스스로 길을 만들어가는 거죠.

청춘의 가장 큰 고민은 여전히 직업과 미래입니다. 어떻게 살 것인가라는 질문은 어떤 일을 하며 얼마나 벌 것인가의 문제로 수렴됩니다. 하루 세끼 밥을 굶지 않을 정도라면 어떤 일이든 '가슴 두근거리는' 일에 도전하겠다는 사람, 4차 산업혁명 시대의 직업과 미래를 고민하는 대신 10년 후에도 내가 여전히 행복하게 열정을 쏟을 수 있는 일이 무엇인지 고민하는 사람은 많지 않아 보입니다. 20대의 미래와 진로에 정답은 없습니다. 하지만 밝고 편안한 길을 맹목적으로 추종하다 보면 길을 잃고 방황하는 순간이 옵니다. 자신의 욕망을 확인하고 주체적으로 생각하는 힘을 기르지 못하면, 타인의 욕망을 욕망하고 주변 사람의 이야기에 휩쓸립니다. 어떤 직업이 유망할까, 미래 사회의 일거리는 무엇일까에 대한 고민도 중요하지만 자신의 능력, 투자할 수 있는 시간, 몰입할 수 있는 열정의 무게를 가늠해 보는 일이 더 중요하지 않을까요?

가장 미국적인 시인으로 평가받는 로버트 프로스트Robert Frost의 〈가지 않은 길〉은 "단풍 든 숲 속에 두 갈래 길이 있었습니다 / 몸이 하나니 두 길을 가지 못하는 것을 / 안타까워하며, 한참을 서서 / 낮은 수풀로 꺾여 내려가는 한쪽 길을 / 멀리 끝까지 바라다보았습니다"로 시작합니다. 그리고 이렇게 끝을 맺습니다. "오랜 세월이 지난 후 어디에선가 / 나는 한숨지으며 이야기할 것입니다 / 숲 속에 두 갈래 길이 있었고, 나는 / 사람들이 적게 간 길을 택했다고 / 그리고 그것이 내 모든 것을 바꾸어 놓았다고". 프로스트는 직업도 없었고 문단에서도 인정받지 못해 실의에 빠져 있던 20대 중반의 청년이었습니다. 이 시는 독자를 향한 외침이 아니라 자신을 다독이는 독백으로 읽힙니다. 어떤 인생길도 '옳은', '바른'이라는 수식어를 붙이기는 어렵습니다. "사람들이 적게 간 길"을 무턱대고 선택하는 방법도 권할 만하지는 않습니다. 선택의 기준과 방법에 대한 고민이 깊고 자기 나름의 이유와 열정이 있어도 그 길은 쉽지 않기 때문입니다. 그래도 여전히 대부분은 '돈, 명예, 권력'을 향한 지름길을 찾습니다. 어떤 사람은 지루하지만 안전하고 편안한 도로를 찾고, 또 어떤 사람은 자기만의 빛깔과 향기에 맞는 오솔길을 고민합니다. 지금 자신이 걷는 길은 어떤 길인지 살펴보시기 바랍니다.

거창고 교장이었던 전성은은 《왜 학교는 불행한가》에서 '주체적인 삶'을 강조합니다. 학교 교육의 목적이 인재 양성이라는 신화는 깨져야 하며, 그것은 기능이지 목적이 아니라고 말합니다. 교육의 목적은 인류 평화라고 주장합니다. 지배와 억압이 없는 사회를 만드는 일에 헌신하는 사람이 되라는 이야기입니다. 너무 거창하고 비현실적인가요? 그렇지 않습니다. 자기 자신의 주인이 되는 주체적인 사람은 스스로 자기 삶을 선택할 수 있습니다. 연봉과 비전도 중요하지만 자기 삶의 가치를 실현하는 선택이 무엇인지 고민해보세요. 내 삶의 주인은 누구도 아닌 바로 나 자신입니다. 20대 청춘이 선택할 직업과 미래의 기준은 자기 삶의 주인으로 살 수 있는 방법을 찾는 과정에서 하나씩 만들어가야 합니다. '두근거리지 않는다면 시작할 필요도 없다. 그것이 청춘이 누릴 수 있는 유일한 특권일지도 모른다'는 충고는 청춘이 지난 다음에 생각날지도 모릅니다.

직업을 선택하고 진로를 결정할 때 우리는 가능한 한 최선을 다해 합리적인 선택을 하려고 노력합니다. 경제적 상황, 자신의 능력, 주어진 여건 등을 총동원해보지만 마지막 순간에는 부모님이나 친구의 말 한마디, 먼저 그 길을 걷는 선배의 모습을 보고 판단할 때가 많습니다. 이는 제한된 합리성을 바탕으로 복잡한 과제를 간단한 판단 작업으로 단순화시켜 의사를 결정하는 기술인 '휴리스틱heuristic'을 활용한 겁니다. 문제는 시간이나 정보가 충분하고 체계적이고 합리적인 판단이 가능할 때도 우리는 종종 휴리스틱을 사용한다는 점입니다. 판단과 선택의 순간은 지속적으로 우리의 일상과 인생에 영향을 줍니다. 선택의 여지가 없는 게 아니라 시야가 좁은 건 아닌지, 오로지 안정적이고 편안한 길만 찾는 건 아닌지, 주변 사람의 시선과 사회적 평가에만 의존하는 건 아닌지 생각해보길 바랍니다.

우연이 아닌 선택이 미래를 바꾼다

30대,
낭만적 사랑과 결혼

혜진은 서른이 넘으면서 결혼에 대한 생각이 달라졌습니다. 사랑하는 사람을 만나 예쁜 아이들과 그림 같은 집에서 살 거라는 막연한 생각을 버린 지 오래입니다. 사랑은 사치고, 결혼은 현실이며, 아이들은 부담입니다. 공부에만 매달렸던 10대, 진로와 직업 문제로 고민했던 20대를 지났지만 여전히 미래에 대한 불안이 가시질 않습니다. 하나둘 결혼한 친구들은 벌써 아이를 낳고 내 집 마련을 위해 애씁니다. 몇 번의 연애 경험이 있는 혜진에게도 사랑과 결혼은 여전히 숙제처럼 남아 있습니다. 안정된 직장과 연봉을 가늠하며 소개팅을 계속하지만 맞선 시장에 나서는 건 아직 내키지 않습니다.

연애와 결혼은 다릅니다. 20대의 열정이 사라진 뒤 결혼을 염두에 둔 연애는 늘 시들합니다. 지극히 현실적인 문제를 먼저 따지기 때문입니다. 시댁과의 갈등, 치솟는 집값, 육아 문제로 고민하는 친구들과 수다를 떨고 집에 돌아오는 길이면 혜진의 마음은 항상 씁쓸합니다. 평온한 일상을 유지하고 싶지만 숙제처럼 머릿속에서 떠나지 않는 결혼 문제가 여간 신경 쓰이는 게 아닙니다. 남들은 연애도 결혼도 쉽게 하는 것 같은데 혜진에게는 여전히 필수가 아닌 선택일 뿐이라는 생각이 듭니다.

호감을 느끼는 이성과 자유롭게 사랑을 하고 결혼에 이르는 과정은 한 사람의 인생에서 매우 중요한 선택 중 하나입니다. 그런데 이런 낭만적 사랑이라는 이데올로기가 정착된 건 생각보다 그 역사가 매우 짧습니다. 근대 이전의 결혼은 신분제도를 유지하기 위해 부와 권력이 비슷한 가문 사이에서 이루어지는 일종의 계약이었습니다. 지금도 여전히 결혼이라는 법적 계약 관계는 한 사회를 이루는 근간으로 작용하고 있습니다. 현재 대한민국은 합계출산율(여성 한 명이 평생 동안 낳을 것으로 예상되는 자녀 수)이 1.0명 미만인 심각한 초저출산 국가입니다. 사회의 존립 자체를 흔들 만한 이러한 사회문제는 여러 가지 복합적인 요인이 반영된 결과지만 결혼에 대한 인식의 변화도 한몫하고 있는 것 같습니다.

결혼은 개인적 삶을 이루는 기본 단위이기도 합니다. 개인에게

우연이 아닌 선택이 미래를 바꾼다

평생의 반려자를 선택하는 결혼은 인생의 희로애락과 행복한 삶을 위한 중요한 결정이라고 할 수 있습니다. 첫날밤 신랑 얼굴을 처음 보았다는 믿을 수 없는 할머니 세대의 결혼 스토리는 이제 먼 옛이야기가 되었습니다. 그렇다고 해서 결혼이 내가 누군가를 선택하기만 하면 이루어지는 일은 아닙니다. 상대방도 나를 선택해야 가능한 일입니다. 결혼 상대자의 선택은 상호 간의 합의하에 이루어져야 한다는 점에서 특별합니다.

이렇게 어려운 결정에는 낭만적 사랑뿐 아니라 성격, 취향, 가치관, 종교 등 다양한 요소가 영향을 미칩니다. 결혼은 개인의 문제를 넘어 가족과 집안의 결합이라는 점에서 고려해야 할 부분이 한두 가지가 아닙니다. 생활공동체로서 일상을 나누는 일은 연애와는 또 다른 국면을 맞이하는 일이기 때문입니다. 성인이 될 때까지 30여 년간 서로 달랐던 생활 습관과 가족 문화를 통합해야 하는 일이니 지극히 부자연스럽고 불편한 과정이 놓여 있습니다.

수많은 책과 지인들의 경험담을 들어도 혜진에게 그대로 적용되지 않습니다. 사람마다, 가족에 따라 전혀 다른 개별적이고 독특한 생활, 습관, 문화, 전통을 가지고 있기 때문이죠. 이 모든 걸 생각할 때마다 머리가 복잡하고 선택은 쉽지 않습니다. 과연 사랑한다는 이유만으로 결혼을 선택할 수 있을까요?

아직 결혼하지 못했다는 '미혼'이라는 말은 이제 결혼을 선택하지 않는다는 '비혼'으로 대체된 지 오래입니다. 누구를 선택하느냐의 문제가 아니라 결혼 제도에 대한 선택의 문제가 우선입니다. 중년 이후의 고독, 노년의 건강, 가족공동체의 안온함을 생각하면 비혼을 선택하기도 쉽지 않습니다. 결혼 생활에서 여자와 남자에게 기대하는 역할이 다르기 때문에 성별에 따라서도 결혼 문제를 다르게 받아들입니다. 그래서 연애는 쉽지만 배우자를 선택하는 일은 어렵습니다.

우리는 실수를 통해 배웁니다. 시행착오는 올바른 선택을 위한 중요한 경험입니다. 하지만 결혼 상대를 선택할 때 시행착오를 겪으며 배움을 얻고자 하는 사람은 없을 것입니다. 연애와 결혼은 다른 사람의 결정을 통해 배울 수도 없습니다. 그럼에도 불구하고 연애나 결혼 상대를 선택할 때, 이미 자기 나름의 기준과 방법을 뚜렷하게 가지고 있는 사람이 많습니다. 그러나 다양한 사람을 만나는 과정에서 편견과 선입견을 버리고 한 사람을 온전히 받아들일 때 자신과 잘 맞는 상대를 찾을 확률이 높습니다. 정현종 시인은 〈방문객〉이라는 시에서 이렇게 조언합니다. "사람이 온다는 건 / 실은 어마어마한 일이다. / 그는 / 그의 과거와 / 현재와 / 그리고 / 그의 미래와 함께 오기 때문이다. / 한 사람의 일생이 오기 때문이다." 사람마다 살아온 과정이 다릅니다. 한 사람을 만난다는 건 그의 과거와 현재 그리고 미래를 만나는 일입니다. 누군가를 선택할 때는 사회적 기준, 개인적 편견과 잣대보다 열린 마음으로 상대방을 환대하는 태도가 필요합니다.

직업을 선택하고 업무를 처리할 때는 합리적이고 이성적인 판단과 선택이 중요하지만, 연애와 사랑에서는 낭만적 사랑이 우선입니다. 세상에 완벽한 사람은 없습니다. 여러 가지 조건을 완벽하게 갖춘 듯 보여도 그 사람의 인성과 가치관이 마음에 들지 않으면 한평생 같이 살 수 없습니다. 우리는 눈에 보이는 대로, 손에 잡히는 대로 믿기 때문에 종종 실수를 저지릅니다. 타인이 자신을 속이는 게 아니라 자기가 자신을 속이고 합리화합니다. 그러므로 중요한 선택일수록 먼저 마음의 밑바닥을 들여다보고, 자신의 숨은 욕망을 확인해야 합니다. 사랑이라는 절대 조건이 충족되지 않은 상태에서 다른 조건은 참고 사항에 불과한 게 아닐까요?

사랑과 연애는 온 마음과 몸으로 부딪치는 삶의 경험입니다. 머리가 아니라 가슴이 먼저 움직이는 놀라운 사건입니다. 결혼을 하느냐 마느냐는 고민보다 평생 함께 살고 싶은 사람을 만난 적이 있는지 생각해보는 편이 먼저입니다. 사랑은 선택이 아니라 운명을 가장한 우연일 때가 많습니다. 낭만적 사랑만으로 결혼을 선택하면 후회하기 쉽다는 충고, 살아보면 사람 다 거기서 거기라는 체념, 돈 없으면 사랑도 금방 식는다는 조언도 지독한 사랑의 열병을 앓고 난 후의 일들입니다. 결혼의 첫 번째 조건은 낭만적이고 뜨거운 사랑입니다. 결혼할 사람과 연애하고 싶다는 말은 순서가 뒤바뀐 안전 지향적 선택입니다. 어느 쪽을 선택하든 사랑은 지극히 개별적이고 다양한 방식으로 이루어지며, 결혼은 보편적이고 일반적인 방식으로 진행됩니다.

"행복한 가정은 고만고만한 이유로 행복하지만 불행한 가정은 각기 다른 이유로 불행하다"라는 톨스토이Lev Nikolayevich Tolstoy의 장편 소설《안나 카레니나》의 첫 문장은 여전히 많은 사람들의 입에 오르내립니다. 행복은 사랑에서 비롯되지만 불행한 결혼에는 오만 가지 이유가 뒤따릅니다. 30대의 연애와 결혼은 누구에게나 주어진 선택의 문제가 아니라 오로지 '나'를 위한 이기적 선택이며, 나의 행복을 위한 중요한 결정입니다. 친구들과의 비교, 부모님의 기대, 사회적 시선보다 자기감정에 충실해야 합니다. 한 사람 한 사람은 하나의 우주와 같습니다. 누구를 선택하느냐의 문제만큼 어떤 '관계'를 만들어가는지에 따라 연애와 결혼은 악마의 얼굴을 보여줄 수도 있고 천사의 웃음을 선물할 수도 있습니다.

사랑은 받는 게 아니라 주는 데 그 중요함이 있다고 말한 에리히 프롬Erich Fromm은 어떻게 하면 사랑받을 수 있는가, 어떻게 하면 사랑스러워지는가의 문제가 아니라 사랑할 줄 아는 능력, 상대를 존중하는 마음, 사랑을 지속하려는 노력의 중요성을 강조합니다. 30대에 직면하는 연애와 결혼은 일생일대의 중요한 선택이지만 다른 어떤

우연이 아닌 선택이 미래를 바꾼다

문제보다도 개인적이고 주관적인 결정입니다. 스스로 부딪치고 경험하고 판단하는 일이 우선입니다. 타인의 말, 주변 사람의 조언보다 주체적인 판단과 선택이 중요합니다.

"나는 그럴 줄 알았어!"라고 말하는 사람은 과연 선견지명이 있는 사람일까요? 우리는 다양한 소설, 영화, 드라마뿐 아니라 현실에서 수많은 연인과 부부를 만납니다. 그들의 행복과 불행을 보며 사후 판단 편향을 드러냅니다. 결과를 보고 과정을 판단하는 오류죠. 그러나 인생은 결과보다 과정이, 목적보다 수단이 중요할 때도 많습니다. 연애와 결혼에 관한 '올바른' 선택은 없습니다. 결혼보다 사랑이 먼저입니다. 사랑하는 사람이 있다면 그를 얼마나 사랑하는지, 그와 평생을 함께하고 싶은지 생각하는 과정이 우선입니다. 결혼 여부는 그다음에 고민할 문제입니다. 결혼을 염두에 두지 않고 연애만 생각할 수는 없지만 사랑보다 결혼을 앞세운 고민이 행복한 인생을 담보할 수는 없습니다. 결과를 기준으로 선택의 옳고 그름을 판단하지 않았으면 좋겠습니다.

40대,
무자식 상팔자의 시대

경화는 고1, 고3 두 아이를 둔 평범한 주부입니다. 정부가 달라질 때마다 오락가락하는 입시 정책에 골머리를 앓습니다. 오로지 성적만으로 한 줄 서기를 했던 입시는 추억으로 남았을 뿐입니다. 이제는 수시와 정시를 합치면 대학을 아홉 군데나 지원할 수 있습니다. 선택의 폭이 넓어진 것 같지만 아이들 성향에 맞는 진로와 전공은 물론 입시 전략까지 준비하는 건 쉬운 일이 아닙니다. 다양한 입시 전형으로 기회가 많아진 것 같은데도 아이들의 앞날은 멀고 험해 보입니다. 학교생활기록부, 자기소개서, 면접 등으로 학생을 선발하는 '학생부종합전형'은 사교육 전형이 된 지 오래고, 높은 난이도의 대학수학능력시험을 뜻하는 '불수능'은 정상적인 교육과정으로는 대학에 갈 수 없다는 사실을 일깨워줍니다. 조기 유학을 보낸 친구, 어렸을 때부터 악기나 미술을 가르쳤던 후배가 부러울 때도 있습니다. 경화네 두 딸은 특별한 재능이나 내세울 만한 특기도 없어 공부로 미래를 준비해야 하는 평범한 아이들입니다.

경화는 아이들이 태어나는 순간부터 교육 문제를 고민했습니다. 발레, 미술, 피아노 학원에서 영어, 수학, 논술 과외로 이어지는 사교육비에 혀를 내둘렀습니다. 경제적인 문제뿐 아니라 목적과 방향 없이 상급학교 진학을 위해 달려가는 모습에 자괴감이 들었습니다. 무엇을 위해 어떻게 공부해야 하는지는 중요하지 않고, 오로지 시험과 성적만이 교육의 결과를 말해주는 것 같았습니다. 아이들이 어렸을 때는 함께 시간을 보내고 여행도 하며 새로운 세상을 경험하는 일이 즐거웠습니다. 책을 읽으면서 지식을 쌓고 자연스레 어떤 분야에 관심을 갖고 진로를 정하는 아이들로 자랐으면 좋겠다고 생각했습니다. 호기심으로 가득 차 깔깔거리며 뛰어다니던 아이들은 다 어디로 갔을까요?

현실은 녹록지 않습니다. 고1 둘째가 공부에는 전혀 관심이 없는 모양입니다. 경화는 연우의 미래를 생각하면 밤에 잠도 오지 않습니다. 대안학교나 홈스쿨링에 대해 알아보기도 했지만 아이들 아빠가 동의하지 않았습니다. 경화가 가진 생각과 고민은 혼자만의 선택과 결정으로 이어지지 않습니다. 학교의 교육과정, 국가의 정책, 세상 사람들의 시선에 따라 흔들립니다. 무엇보다도 주변 사람들이 선택한 일반적인 교육 방식을 무시할 수 없습니다. 건강하게 자란 아이들이 고맙지만 평범함이 오히려 무능한 게 아닐까 싶은 생각에 괴롭습니다.

30대에 결혼을 '선택'한 사람들의 두 번째 선택은 자녀입니다. 엘렌 L. 워커Ellen L. Walker는 아이 없는 삶을 스스로 선택한 사람들을 'childless'가 아닌 'childfree'라고 말합니다. 초저출산 시대를 맞이한 대한민국은 생산성, 경제 발전, 연금 등 다양한 분야에서 미래가 불안합니다. 아이를 낳느냐 마느냐, 낳는다면 몇 명을 낳을 것이냐에 대한 고민은 개인과 가족을 넘어 사회문제로 거론된 지 오래입니다. 이 와중에 정상적인 부부생활을 영위하면서도 의도적으로 자녀를 갖지 않는 맞벌이 부부를 일컫는 '딩크족DINK: Double Income, No Kids'이 결혼의 한 트렌드로 자리 잡고 있습니다. 시간적·경제적·육체적 여유를 가질 수 있다는 매력적인 장점과 고독과 외로움, 노후 불안, 주변의 곱지 않은 시선 등의 단점이 공존하지만, 자녀 또한 '선택'의 문제로 생각하는 사람들이 늘고 있습니다.

이것은 나쁜 결정일까요? 우리는 어떤 '선택'을 할 때마다 '결말'을 알 수 없어 불안해합니다. 그렇다 보니 일반적으로 결과를 예측하기 쉽고 보편적인 관점에서 선택하려는 경향이 있습니다. 하지만 종종 선택의 결과가 예상을 빗나갑니다. 자녀 선택이 그 대표적 사례가 아닐까요? 자식이 부모를 봉양하는 것은 당연한 도리이자 의무라고 생각하던 시대는 지나가고, 이제 자식은 노후 보장과 보험 기능으로서의 기능을 상실해가고 있습니다. 자식에게 짐이 되지 않기 위해 자식 눈치를 봐야 하는 노년은 끔찍합니다. 무자식 상팔자라는 농담 같은 속담이 이제 예능이 아닌 다큐가 되었습니다.

그래도 여전히 많은 사람들은 아이를 낳아 기르는 쪽을 택합니다. 한없이 맑고 순수한 아이의 웃음이야말로 세상의 그 어떤 행복과도 바꿀 수 없는 인생의 축복이기 때문입니다. 부모의 역할은 돌봄과 양육에 그치지 않습니다. 아이가 본격적으로 교육받을 나이가 되면 부모는 기쁨보다 근심과 걱정이 많아집니다. 이는 크게 두 가지로 요약됩니다.

첫째, 부모의 세속적 욕망입니다. 살아온 경험적 지식은 잘못된 신념을 만듭니다. 성적과 학력이 성공을 위한 지름길이라는 생각을 자녀에게 주입하고, 수단과 방법을 가리지 않고 경쟁에서 승리해야 한다는 생각을 몸소 실천합니다. 교육은 교실에서만 이루어지지지 않습니다. 아이는 부모의 욕심과 세상을 보는 눈, 사람을 대하는 태도를 그대로 배웁니다. 부모가 원하는 미래, 바라는 방향으로 아이가 움직여주지 않을 때, 그 길을 따라가지 못할 때 불행은 슬며시 현관을 노크합니다.

둘째, 삶의 목적과 가치 부재입니다. 자식들 굶기지 않고 배부르고 등 따뜻하게 사는 게 우선이던 전후 세대와 달리 눈부신 경제 성장의 혜택을 받고 자란 세대도 불안하기는 마찬가지입니다. 변화 속도가 승부를 좌우하는 시대는 지났지만 '생존'과 '성장'의 시대에서 '성숙'과 '창조'의 시대로 접어들고 있습니다. 과학기술의 발달 속도는 눈부시지만 삶의 철학은 점점 빈약해지고 있습니다. 어떻게 살 것인지, 무엇을 위해 살 것인지에 대한 진지한 고민이 부족합니다. 자신을 성찰하고 사회·역사적 존재로서 나를 살피는 일은 쉽지 않기 때문입니다. 상황에 휩쓸려 주변 사람의 눈을 의식하며 아이를 키우다 보면 부모가 중심을 잡지 못합니다. 학교란 무엇인지, 어떻게 공부해야 하는지, 대학에 가는 목적과 이유가 무엇인지 고민하고 준비할 여유가 없습니다.

이 사회에서 중추적인 역할을 하며 삶의 안정을 꾀하기 시작하는 40대에게 자녀 교육 문제는 자신의 과거와 현재를 바탕으로 미래를 어떻게 전망하고 있는지를 그대로 드러내는 삶의 방법론입니다. 반대로 어떤 부모에게 어떻게 교육을 받았는지에 따라 아이들의 생각과 행동, 타인을 대하는 태도와 방법이 결정됩니다. 지식의 양보다 지혜의 깊이가 더욱 중요해지고 있습니다. 공부를 시키느냐, 적성과 취미를 찾아주느냐 하는 단순한 문제가 아닙니다. 평소에 삶의 본질적 가치와 목적에 대해 편안하게 대화를 나누고, 자녀들이

우연이 아닌 선택이 미래를 바꾼다

스스로 선택하고 자기 길을 개척할 수 있는 힘을 길러주는 일이 중요합니다. 부모의 설계대로 아이의 인생을 컨트롤하는 대신, 때로는 넘어지고 부딪치며 두 발 자전거를 타야 하듯이 시행착오를 통해 스스로 성장하도록 지켜보는 자세가 필요합니다. 주체적인 삶을 사는 사람은 스스로 생각하고 판단하고 행동합니다. 어떤 자식을 원하는지에 따라, 자식이 어떻게 살기를 바라는지에 따라 자녀 양육과 교육 방식은 전혀 달라집니다.

또 하나 중요한 40대의 선택은 건강입니다. 타고난 체력과 체질을 생각하면 과연 건강이 '선택'의 문제인가라고 반문할 수도 있지만 대체로 음주, 흡연, 과식, 육식, 채식, 인스턴트, 스트레스, 불면 등이 건강에 영향을 미칩니다. 특히 무엇을 먹는지, 어떤 스트레스를 받는지, 어느 정도 운동을 하는지에 따라 정신적·육체적 건강 상태에 차이가 납니다. 누구나 건강한 삶을 원하지만 언제나 건강하지는 않습니다. 모든 사람이 자신을 통제하고 건강한 일상을 유지하기는 어렵습니다.

건강한 삶을 선택할까요, 아니면 즐거운 삶을 선택할까요? 어리석은 질문 같아 보입니다. 건강한 삶이 즐거운 삶이 아닌가요? 즐거우면 건강에도 좋지 않을까요? 우리가 매일 먹는 음식의 영양소를 따지고, 체질에 맞는지 고려하며, 수면 시간을 조절하고, 음주 여부를 결정하며, 늘 '건강'을 우선시하는 생활을 하려면 신경 쓸 일이 한두 가지가 아닙니다. 마음 편하게 즐겁게 먹고 마시고 놀고 열심히 일하며 사는 사람이 더 건강하게 오래 사는 경우도 많습니다. 도시의 부자보다 가난한 농부의 삶이 불행하지 않듯이 과학적으로 건강관리를 하는 사람보다 몸과 마음이 즐거운 사람이 질병에 걸리지 않고 더 행복한 삶을 살 수도 있습니다.

경화는 일주일에 한 번 정도 친구, 선후배들을 만나 저녁을 먹으며 술을 마십니다. 즐겁게 웃고 떠들며 마음속 걱정거리를 하소연하고 나면 속이 시원합니다. 가정은 물론 일터에서 벌어지는 일까지 함께 이야기를 나누다 보면 무거운 짐을 벗는 느낌이죠. 요가와 필라테스를 한 지 10년이 훌쩍 넘었습니다. 속옷까지 흠뻑 젖도록 땀을 흘리고 나면 피로가 풀리는 기분입니다. 밥을 맛있게 먹고, 좋아하는 사람을 만나고, 기분 좋게 땀 흘리는 운동이 건강을 유지하는 비결입니다. 비타민을 챙겨 먹고 건강보조식품을 복용하는 것보다 활기차고 즐거운 일상이 건강에 더 도움이 된다는 사실을 우리는 경험적으로 너무나 잘 알고 있습니다.

'사회적 바람직성에 의한 편향'은 사람들이 사회적으로 인정받을 수 있는 방향으로 대답하거나 행동하는 경향을 말합니다. 직업 선택이나 결혼처럼 자녀 교육도 연습의 기회가 없습니다. 신중하지만 혼란스러운 선택입니다. 그렇다 보니 사회적으로 인정받을 수 있는 안전한 길을 따라갑니다. 다른 어떤 일보다 '제로 리스크 편향'이

작동하기 때문에 안전하고 위험부담이 적은 쪽으로 선택합니다. 하지만 저마다 다른 성격과 취향을 가진 사람들이 모두 만족할 만한 교육 방법이 있을까요? 다양성을 존중하는 양육 태도, 각자의 개성과 소질을 계발할 수 있는 교육이 즐겁고 행복한 인생을 사는 방법입니다. 획일적인 객관식 시험, 상대평가, 주입식 교육이 아이들의 미래를 망칩니다. 아이들을 닦달하는 대신 우리 사회와 교육 시스템을 먼저 개선하려는 노력이 필요합니다. 교육 문제의 주체는 40대 주부 경화가 아니라 바로 고1, 고3 아이들이라는 사실을 우리 모두 잊어서는 안 됩니다.

출산, 교육에서 진로, 건강까지 40대가 주로 고민하고 선택해야 하는 문제는 지극히 현실적입니다. 이 선택들은 모두 일상적인 듯 보이지만 아이들과 경화의 미래가 달라질 수도 있는 매우 중요한 문제입니다. 특히 교육은 아이들의 삶을 준비하는 과정이며, 지식과 문화와 전통을 전수하는 제도입니다. 이를 통해 경화의 아이들도 어떤 길을 걸을지 결정하게 됩니다. 어떤 학교에 보낼지, 적합한 전공이 무엇일지 생각하는 일보다 아이들이 어떤 삶을 원하는지 먼저 대화하고 함께 고민하는 시간이 필요하지 않을까요? 그렇지 않으면 친구 따라 학원을 결정하고 성적에 맞춰 대학과 전공을 선택할 수밖에 없습니다.

50대,
인생 이모작의 시작

영기는 1980년대 대학을 다니며 민주화 운동을 했던 세대입니다. 이른바 386세대(1960년대에 태어나 1980년대에 대학을 다니며 민주화 운동에 앞장섰고 1990년대에 30대였던 세대)로 명명되던 그들은 이제 586이 되었습니다. 정치인으로 활약하는 친구, 기업체 임원이 된 선배, 고위 공무원이 된 후배 등 어느 직장에서든 이제 리더의 역할을 맡을 나이가 되었습니다. 아이들도 성장해 4차 산업혁명 시대를 스스로 준비해야 하는 나이가 되었습니다. 진로 문제로 각자의 길을 찾는 중이지만, 영기도 자기 나름대로 고민이 많습니다. 입사한 지 20년이 훌쩍 넘을 동안 동기들은 다른 회사로 이직하거나 하나둘 승진 경쟁에 합류했습니다. 큰 욕심 없이 살아왔지만 여전히 책임져야 할 가족과 노후를 생각하면 남은 시간이 충분하지 않습니다. 창업을 하거나 자영업을 선택한 친구들 중에는 성공한 녀석들도 있지만 대책 없이 무너진 친구도 있습니다.

30, 40대에 이직이나 전직을 한 선후배를 가만히 떠올려봅니다. 소식을 알 수 없는 사람도 있지만 대부분 전혀 다른 분야에서 일하고 있습니다. 영기는 특별한 기술이나 대단한 자격증을 가진 게 아니라서 섣불리 움직이지 않았습니다. 하지만 이젠 자의든 타의든 회사를 떠나야 하는 일은 코앞에 닥친 현실입니다. 지금까지 일했던 분야와 관련이 있는 다른 회사로 옮겨 명예퇴직의 칼바람을 피하거나 급여가 낮더라도 지금까지 쌓은 노하우를 살릴 수 있는 곳으로 옮길 때가 되었습니다. 몇 가지 염두에 둔 아이템으로 사업 구상도 하고 있습니다. 퇴근길에 아파트 상가 치킨집을 지날 때마다 생각이 더 복잡해집니다.

최재천 교수는 "당신의 인생을 이모작하라"라며 초고령사회를 대비하라고 충고합니다. 생물학적 기준으로 번식 전기와 후기로 나누어 번식 후기를 잘 준비해야 앞으로 다가올 초고령사회를 대비할 수 있다는 조언이죠. 인간만이 유일하게 종족 번식이 불가능해진 상태에서 생명이 연장됩니다. 조선 시대 왕들의 평균수명은 46세였습니다. 팔도에서 가장 맛있는 음식을 진상 받아 먹고 최고의 의료진을 곁에 두었지만 오십을 넘기기도 힘들었습니다. 환갑 잔칫상을 받은 왕은 20퍼센트도 안 된다니 놀랍습니다.

2018년 기준 대한민국의 기대수명은 남성 78세, 여성 85세에 이릅니다. 50대의 고민은 여기서 시작됩니다. 공무원이든 일반 기업체든 50대 정년은 평균수명이 훨씬 짧던 시절의 규정입니다. 이제는 더 이상 일할 능력이 없거나 체력이 떨어져 쉬어야 할 나이가 아니지만 퇴직을 해야 합니다. 퇴직은 글자 그대로 일에서 물러난다는 뜻이지만 50대 중반, 60대 초반에 일할 의사가 없고 이제 그만 쉬고 싶다고 생각하는 사람은 많지 않습니다. 경제적인 문제는 말할 것도 없고 건강 상태와 의욕이 예전의 50대와는 전혀 다릅니다.

퇴직 후 각종 연금으로 생활하며 노후 생활을 즐기는 사람은 생각보다 많지 않습니다. 초고령사회와 맞물린 초저출산사회의 미래는 계획과 다르게 시시각각 변하기 때문입니다. 늙은 부모를 봉양하는 일을 당연하게 받아들였으면서도 자식에게 자신의 노후를 의탁할 수 없는 50대의 선택지는 많지 않아 보입니다. 자기 일을 통해 꾸준한 수입을 얻고 성취감을 느끼는 후반생은 어떻게 준비해야 할까요? 선택이 아닌 필수적인 노후 준비는 연금과 여유 자금뿐 아니라 삶의 의미와 보람이 아닐까요?

인간의 '현상 유지 편향'은 생존을 위한 본능에 가깝습니다. 변화를 위해서는 에너지가 소모되는 적극적인 노력을 들여야 합니다. 현

우연이 아닌 선택이 미래를 바꾼다

실을 수용하고 움직임을 최소화하려는 태도는 인간의 일반적인 행동 습성입니다. '앞으로 다르게'보다 '지금 이대로'가 쉽고 편하기 때문입니다. 하지만 발상의 전환을 위한 노력, 변화를 시도하려는 움직임이 없다면 미래는 불투명해질 겁니다. 50대는 위기의 시기이며 또한 기회의 시기입니다. 지금까지 살아온 풍부한 경험과 각 분야에서 쌓은 노하우는 하루아침에 얻은 게 아닙니다. 시행착오를 통해 실수를 극복하고 주어진 기회를 잘 살려 생의 한복판에 선 사람은 이를 토대로 남은 절반의 인생을 준비해야 합니다.

갑작스레 과감한 도전을 시도하라는 말이 아닙니다. 그러나 이직과 전직을 두려워할 필요도 없고 창업을 미룰 필요도 없습니다. 치밀한 계획과 합리적 판단으로 이모작을 시작하는 것이 좋습니다. 반드시 성공해야 한다는 압박감, 실패하면 끝장이라는 두려움이 오히려 우리를 한없이 불안하게 합니다. 작지만 확실한 행복을 위해 사는 사람들이 많아졌지요. 50대의 이직과 전직과 창업도 생존보다는 남은 생을 위한 준비 차원에서 조금씩 미리 도전해보면 어떨까요? '아직 나의 전성기는 오지 않았다'는 마음은 누구에게나 필요한 인생의 모토가 아닐까요?

불안과 용기는 떼놓을 수 없는 친구입니다. 인생의 고비마다 불안을 떨치지 못해 용기를 내지 못합니다. 머뭇거리고 주저하는 사이에 시간은 흐르고 나이를 먹습니다. 우리에게 필요한 건 끊임없는 준비와 실패를 두려워하지 않는 행동입니다. 하루하루 일상에 매몰된 사람은 변화를 시도할 용기가 나지 않습니다. 직소 퍼즐의 한 조각이 아니라 레고 블록처럼 언제 어디서든 적절하게 변용될 수 있는 사람은 후반생도 두렵지 않을 겁니다. '할 수 있다'는 자신감이 무모한 행동으로 이어지지 않기 위해서는 공부가 필요합니다. 외국어를 배우고 자격증에 도전하는 것도 좋고 전문가 수준의 취미 활동도 괜찮습니다. 한곳에 머물지 않으려는 자세와 호기심을 갖고 몰입하는 태도가 후반생을 바꿔놓을 수 있습니다. 인생을 이모작하려면 근거 없는 자신감보다 선택의 폭을 넓힐 수 있는 공부와 안목을 기르는 노력이 요구됩니다. 가만히 앉아 저절로 이뤄지는 일은 나이 먹는 일밖에 없습니다.

지금까지 쌓은 지식과 경험을 환원할 수 있는 방법을 찾는 것도 좋겠지만, 전혀 다른 분야라고 할지라도 그에 대한 관심과 열정을 갖는 태도가 더 중요합니다. 리처드 탈러Richard H. Thaler는 《똑똑한 사람들의 멍청한 선택》에서 "지난 수년간에 걸쳐 수차례 반복적으로 발견되었던 것처럼 우리는 상실에 따른 고통이 이득에 따른 즐거움보다 두 배나 더 강력하다는 사실을 한 번 더 눈으로 확인한 것이다"라고 말합니다. 50대는 오랫동안 축적된 재산, 지식, 관계 등 사회적 인프라의 상실을 두려워합니다. 현재의 수입을 포기하지 않으려는 이직과 전직의 기피, 손에 쥔 기득권을 잃지 않으려는 노력

우연이 아닌 선택이 미래를 바꾼다

이 오히려 기회를 위기로 만듭니다. 소유 효과(대상을 소유하고 난 뒤, 그 가치에 대해 그것을 갖고 있기 전보다 훨씬 높게 평가하는 경향), 손실 회피 성향(얻은 것의 가치보다 잃어버린 것의 가치를 크게 평가하는 경향), 현상 유지 편향(현재의 상태에 그대로 머물고자 하는 강한 바람을 갖는 경향) 등이 종종 변화를 가로 막습니다. 시간은 흘러가는데 사람은 그대로 머물러 있을 수 있을까요?

생로병사는 모든 인간의 숙명입니다. 피할 수 없는 운명이지만 사람마다 이를 대하는 태도는 제각각입니다. 흔히 노후 생활을 위한 월평균 생활비 뉴스에는 관심이 많지만, 어떤 일을 하며 무엇을 위해 살 것인지에 대한 고민은 하지 않습니다.

우리나라와 해외 주요국의 연령대별 독서율 비교 결과는 놀랍습니다. 미국, 영국, 핀란드, 일본 등 OECD 21개국의 독서율은 10대(78.1%)부터 50~60대(73.9%)까지 생애 주기 내내 높게 유지됩니다. 그러나 우리나라는 87.4%로 시작한 10대 독서율이 50~60대가 되면 51%로 떨어집니다. 30대 중반을 넘기면서 독서율이 급격하게 떨어집니다. 삶의 목적과 방향을 잃은, 인생의 가치를 생각하지 않는 후반생은 어떤 의미가 있을까요? 자기 삶을 성찰하고 교양 있는 인간으로서 풍요로운 인생을 원한다면 각자의 행복, 후반생의 의미도 조금씩 달라지지 않을까요?

인공지능 시대야말로 끊임없이 지식과 정보를 분석하고 판단하고 편집하는 연습이 필요합니다. 창의적인 사고력과 독창적인 상상력은 이 과정을 통해 자연스레 길러지는 능력입니다. 꾸준하게 독서를 하면 능동적으로 생각하는 힘이 길러집니다. 수많은 지식과 정보를 받아들이면서 취사선택하고 합리적이고 논리적으로 판단하고 정리하는 연습은 디지털 텍스트 읽기를 포함한 독서 훈련을 통해 가능합니다.

이직과 전직, 창업 그리고 노후 준비라는 매우 현실적인 문제를 선택할 때도 크게 다르지 않습니다. 살아온 경험, 축적된 지식과 정보를 통해 판단한 결과를 놓고 몇 가지 선택지를 만듭니다. 자기 삶의 목적과 가치에 따라 어떤 일을 준비하고 선택할지 달라지겠죠. 꾸준한 독서, 인간과 세상에 대한 호기심, 지속적인 관심과 공부가 보다 나은 선택을 위한 바탕입니다.

"배부른 돼지보다는 배고픈 소크라테스가 낫다"는 영국 철학자 밀John Stuart Mill의 말은 물질적 풍요를 즐기기보다는 비록 궁색하더라도 생각하는 인간이 더 가치 있다는 의미입니다. 굶주린 후반생을 준비하라는 뜻이 아니라 자기 생의 목표와 가치를 고민하며 생각하고 준비하고 실천하는 과정에서 각자의 고민이 해결된다는 것입니다. 꿈이 없는 사람은 나이와 무관하게 삶의 가치를 잃어버린 사람입니다. '후회에 대한 두려움'은 우리를 이따금 비합리적으로 만듭니다. 먼 훗날 후회하지 않으려고 지금 아무것도 하지 않으려는 명

우연이 아닌 선택이 미래를 바꾼다

청한 선택을 해도 괜찮을까요? 변화를 준비하지 않고 자기 꿈을 실현하려는 의지가 없다면, 속된 욕망과 불안과 후회의 주인공이 될 뿐입니다. 한순간도 제자리에 머물지 말고 움직여야 합니다. 몸도 마음도 생각도 말입니다.

60대,
아름다운 마무리를
위한 준비

명옥은 살아온 날들을 돌아보는 일이 잦습니다. 일흔을 바라보는 나이지만 요즘 세상에 60대는 노인 축에 끼지도 못합니다. 평소 명옥은 등산과 요가로 건강을 관리하고 친구들과 일 년에 한두 번씩 해외여행을 다닙니다. 꽃피는 춘삼월엔 국내에도 가볼 곳이 많습니다. 단풍이 예쁜 계절도 놓치지 않습니다. 나이가 들어가면서 세상이 얼마나 아름다운지 새삼 실감합니다.

명옥이 65세가 넘자 지하철이 무료입니다. 경로 우대 혜택을 받을 나이가 됐다는 사실이 어색합니다. 세월의 흐름을 자연스레 받아들이며 이제는 아름다운 마무리를 준비할 때라고 생각합니다. 갑작

우연이 아닌 선택이 미래를 바꾼다

스럽게 세상을 떠난 친구도 있고, 몇 년 전부터 건강이 좋지 않아 만나지 못하는 친구도 있습니다. 살아 있는 동안 건강하게 사는 게 복이라는 생각이 듭니다. 잔병치레 없이 비교적 잘 살아왔지만 60대 중반에 조기 발견한 대장의 용종을 생각하면 지금도 가슴을 쓸어내립니다. 친구의 권유로 내시경을 했다가 초기 암세포가 발견되었고 수술한 후에도 정기적으로 검진을 받습니다. 팔십이 넘어서도 건강한 노인들을 보면 부러운 생각이 들지만, 이제 가끔 죽음도 멀지 않았다고 생각합니다.

친구들과 모이면 자식, 손주 이야기가 대부분이지만 건강 이야기도 빠지지 않습니다. 인생 황혼 녘에 명옥의 선택과 고민은 많지 않습니다. 경제적으로 큰 어려움 없이 살아왔고 비교적 평온한 삶이었습니다. 나이 차가 많았던 남편이 병치레 끝에 먼저 떠난 후 혼자 지내는 생활이 오히려 홀가분합니다. 태어난 순서대로 죽는 건 아니지만 명옥은 이제 죽음에 대해 진지하게 준비합니다.

"우리는 언젠가 죽는다"라는 미국 작가 데이비드 실즈David Shields의 말은 너무나 자명한 진실입니다. 죽음을 거부할 수 있는 사람은 없습니다. 다만 각자 시기가 다를 뿐입니다. 인간에게 죽음은 생의 마지막 단계이며 알 수 없는 두려움의 세계이기도 합니다. 임사체험에 관한 책과 사후세계에 대한 연구가 이어지지만 어떤 과학자나 철학자도 죽음 이후의 세계를 경험한 적은 없습니다. 그래서 죽음은 여전히 불안하고 두려운 미지의 세계로 남아 있습니다. 다만 죽음은 모든 인간에게 주어진 숙명이자 공평한 인생의 원칙이라는 사실이 조금 위안을 줍니다.

평소 '심폐소생술 거부DNR: Do Not Resuscitate'를 원하는 사람들도 있지만 가족의 입장에선 막상 마지막 순간에는 망설여집니다. 중환자실에서 각종 의료 기구에 의지한 채 희망 없이 생명을 유지하는 일은 환자나 가족 모두에게 말할 수 없는 고통일지라도 말입니다. 동양의 전통문화는 죽음을 터부시합니다. 삶의 결과가 아니라 단절과 고립으로 받아들입니다. 과연 죽음은 두렵고 고통스러운 세계로의 전환일까요? 철학자 쇼펜하우어Arthur Schopenhauer는 "삶은 연기된 죽음에 불과하다"라는 말로 인간의 삶을 비관적으로 인식했습니다. 어쩌면 삶이 죽음보다 더 고통스럽고 불안하다는 의미겠지요. 인생의 마무리 단계에서 가장 중요한 일은 상속과 유언이 아니라 자기 삶의 정리와 존엄하고 인간다운 마무리가 아닐까요?

영정 사진을 찍고 수의를 준비하는 일은 흔히 볼 수 있는 풍경입니다. 언젠가 찾아올 죽음을 미리 준비한다는 의미의 행동이죠. 장례 절차, 매장과 화장, 묘지의 형태 등도 가족들과 미리 상의하고 결정해두는 편이 좋습니다. 막상 상을 치르면서 이런 일들을 결정하기에는 시간도 부족하고 경황도 없습니다. 전통문화나 각 가정의 관습에 따라 죽음을 맞이하는 방법과 태도는 비슷하면서도 조금씩 다릅니다. 디테일하게 격식을 차리는 일보다 중요한 건 실제 죽음을 받아들이는 마음의 준비와 선택입니다.

우선 자신의 의사를 밝힐 수 없을 때 벌어질 수 있는 상황을 생각해봅시다. 뇌사, 의식불명 등 회복 불가능한 상태에서 행해지는 생명 연장의 시술 문제는 가족과 미리 대화를 나누고 분명하게 의사 표시를 해두는 것이 좋습니다. 누군가의 도움 없이 의료 기구와 약물로 생존을 유지하는 상황, 인간다운 삶을 유지할 수 없는 상태일 때 환자는 자기 삶의 종료 버튼을 스스로 누를 수 있는 권리가 있어야 하지 않을까요? 누구에게나 찾아올 수 있는 미래에 대해 깊이 생각하고 주변 사람과 의견을 나누며 자신의 의사를 표현해두는 일은 나이와 상관없이 미리 선택해야 할 문제입니다. 자기 삶에 대한 마무리와 죽음을 맞이하는 태도를 결정하는 일은 인생에서 매우 중요한 선택 중 하나입니다.

호주의 최고령 과학자 데이비드 구달David Goodall 박사는 104세의 나이에 스위스로 마지막 안락사 여행을 떠났습니다. 의사 조력 자살이 허용된 나라에 가서 자신의 의지에 따라 생을 마무리했습니다. 소극적 안락사와 달리 이런 적극적 안락사에 대해서는 의견이 분분합니다. 서울대학교병원 가정의학과 윤영호 교수팀은 2016년 7월부터 10월까지 국내 12개 병원에서 일반인(1,241명), 암 환자(1,001명)와 가족(1,006명), 의사(928명)를 대상으로 적극적인 통증 조절, 무의미한 연명의료 중단, 소극적 안락사, 적극적 안락사, 의사 조력 자살 등 다섯 가지 삶의 마지막 중재 방식에 대한 태도를 조사했습니다. 그 결과 '무의미한 연명의료 중단'에 대해 일반인의 88.7%, 암 환자의 88.3%, 환자 가족의 89.5%, 의사의 98.9%가 이를 찬성했습니다. 소극적인 안락사는 의사의 찬성 비율이 77.2%로 가장 높았고, 일반인 66.5%, 암 환자 60.0%, 환자 가족 55.3% 등이 지지했습니다. 적극적인 안락사는 일반인의 41.4%가 찬성 의사를 표했고, 암 환자(38.2%), 의사(35.5%), 환자 가족(31.7%) 순으로 집계됐습니다.

결국 죽음을 앞둔 당사자와 가족들 사이의 공감대가 중요합니다. 품위 있고 아름답게 생을 마무리하고 싶지 않은 사람이 있을까요? 죽음에 대한 공포, 고통스러운 연명의료, 가족에 대한 부담, 생에 대한 미련과 아쉬움 등 다양한 요소를 고려해보세요. 자기 삶을 스스로 마무리할 수 있는 최선의 방법은 무엇일까요? 죽음에 관한 문제들은 마지막 순간에 고민하고 갈등하는 게 아니라 미리 준비하고 결정해둬야 합니다.

전체 인구 중 65세 이상 노인 인구가 7%를 넘으면 고령화사회, 14%를 넘으면 고령사회, 20%를 넘으면 초고령사회로 분류합니다. 대한민국은 2000년 고령화사회, 2017년 고령사회로 접어들었고 초고령사회를 눈앞에 두고 있습니다. 공론화 과정을 통해 사회적 합의를 거치고 입법 과정도 필요하지만, 존엄사 문제는 개인의 선택이 우선입니다. 죽음은 나이의 문제가 아니라 삶을 대하는 태도의 문제입니다. 사회학자 노베르트 엘리아스Norbert Elias는 한 사회에서 '배제'되는 현상을 죽음의 사회학적 표현이라고 보았습니다. 죽음은 만남이 아니라 이별입니다. 가족과 공동체로부터 배제되는 행위입니다. 사랑하는 사람과 영원히 이별하는 슬픔은 그 무엇과 비교할 수 없습니다. 하지만 죽음은 어느 누구도 피할 수 없는 인생의 마지막 단계입니다. 법정 스님은《아름다운 마무리》에서 이렇게 말합니다.

아름다운 마무리는 내려놓음이다.

아름다운 마무리는 비움이다.

아름다운 마무리는 삶의 본질인 놀이를 회복하는 것.

아름다운 마무리는 지금이 바로 그때임을 안다.

아름다운 마무리는 나를 얽어매고 있는 구속과 생각들로부터 벗어나 자유로워지는 것.

아름다운 마무리는 스스로 가난과 간소함을 선택한다.

아름다운 마무리는 또한 단순해지는 것.

아름다운 마무리는 살아온 날들에 대해 찬사를 보내는 것.

그리고 아름다운 마무리는 언제든 떠날 채비를 갖춘다.

시간이 흐르고 또 흐르면 모든 사람은 언젠가 죽음을 맞이하고 모든 걸 내려놓습니다. 누군가를 만나고 헤어지는 일부터 어떤 일을 시작하고 끝내는 일까지 '아름다운 마무리'는 누구에게나 언제 어디서나 필요한 생의 원리가 아닐까요? 태어나서 죽는 순간까지도 우리는 '선택'으로부터 자유로울 수가 없습니다. 그 선택의 결과가 모여 한 사람의 인생이 됩니다.

우연이 아닌 선택이 미래를 바꾼다

2장.

선택의
기준과 방법

지속 가능한
행복의 가격

태균은 겨울방학에 아르바이트를 해서 번 돈 100만 원을 두고 고민 중입니다. 갤럭시를 살까, 아이폰을 살까⋯⋯. 품질과 기능이 우선이지만 디자인, 카메라 성능, 운영체제도 신중하게 비교합니다. 한번쯤 망설여본 사람은 들어보지 않았을까요? 머릿속 뉴런들 사이에서 신경전달물질이 시냅스를 통해 초당 200km 속도로 분주히 오가는 소리를! 옷을 사고 신발을 고를 때도 다르지 않습니다. 개인의 취향에 따라 디자인, 브랜드, 가격 등을 저울질합니다. 그중에서 가장 중요한 선택의 기준은 가격입니다. 가격은 품질, 디자인, 기능, 유행을 그대로 반영하기 때문입니다. 태균은 두 회사의 신제품을 자세히

우연이 아닌 선택이 미래를 바꾼다

살펴봤지만 성능과 디자인이 이전 모델과 크게 다르지 않아 조금 망설입니다.

편의점에서 컵라면을 고르는 일부터 진로, 결혼, 이사, 창업에 이르기까지 세대를 막론하고 합리적 선택을 위한 고민은 매 순간 반복됩니다. 사람마다 자기 나름의 기준과 방법이 있지만 합리적이고 경제적인 측면을 살피려고 노력합니다. 마트에서 장을 보는 어머니도 핸드폰을 고르는 태균도 꼼꼼히 따져보고 다른 물건과 비교합니다. 자본주의 사회에서 선택의 첫 번째 기준은 경제성입니다.

가성비? 가심비?

태균이 핸드폰을 살 때 고려하는 첫 번째 기준은 지불 비용입니다. 돈이 넉넉하면 경제적 선택의 고민이 사라집니다. 최신 핸드폰을 사고 무한요금제를 선택하면 그만입니다. 하지만 대부분의 사람은 물건을 고를 때 가격을 먼저 생각합니다. 현금을 주고 핸드폰을 사는 사람은 많지 않습니다. 단말기와 통신비를 합쳐 매월 할부로 분납합니다. 단말기 할부 이자는 5~6% 정도로 높은 편입니다. 따라서 일시불로 핸드폰을 구매하고 자신에게 맞는 요금제를 선택하는 게 경제적으로 합리적인 선택입니다. 동일한 비용을 치르고 최대의 만족을 얻으려는 노력, 비슷한 성능의 물건을 가장 저렴하게 구입하려는 태도는 가르쳐주지 않아도 누구나 아는 사실입니다. 이 프레임으로 세상을 바라보면 '경제적 이익'이 모든 생각과 행동의 판단 기준입니다.

더 중요한 선택의 기준은 '가성비' 너머 '가심비'에 있습니다. 가격 대비 성능도 중요하지만 가격보다 심리적 만족감을 선택할 때도 있죠. 태균의 갈등은 갤럭시와 아이폰 제품의 가격만이 아닙니다. 어차피 기능에 큰 차이가 없다면 폼 나는 물건을 고릅니다. 폼 난다는 것은 디자인, 주변 사람의 시선, 기업의 이미지, 감성적 요소까지 포함된 만족감입니다. 이런 심리적인 만족감에 대한 지불 비용은 계산하기 어렵습니다. 연예인이 입은 옷, 셀럽이 들고 다니는 가방, 최신 전자 제품……. 소비를 부추기는 광고와 자본주의가 심어준 욕망은 '가심비'로 포장되어 현명하고 합리적인 경제적 선택을 방해합니다. '가심비'를 지나친 욕심이나 헛된 욕망이라고 할 수는 없으나 경제적 선택을 위해서는 다시 한번 냉정하게 돌아봐야 합니다.

여러 가지 요소를 감안해서 고른 스마트폰의 활용 범위는 매우 넓습니다. 전화, 문자 메시지, 사진 촬영, 검색, 뉴스, SNS, 쇼핑, 이메일, 게임, TV 시청, 영화 관람까지! 모든 사람이 스마트폰의 기능들을 모두 활용할까요? 태균은 검색과 SNS, 톡을 사용하는 정도입니다. 그럼에도 불구하고 매번 신제품을 놓고 고민합니다. 가격과 성능만 비교하는 태균이 자신의 사용 패턴을 감안해서 기존 제품과 신제품을 비교한다면 어떤 결론을 내릴까요? 여전히 가심비가 문제인

우연이 아닌 선택이 미래를 바꾼다

가요? 그렇다면 심리적인 만족감, 즉 신제품에 대한 욕망은 광고에 길들여진 소비 행태에 불과한 게 아닐까요?

경제학자 아마르티아 센Amartya Sen은 "'전적으로' 경제적인 인간은 사회적인 바보에 가깝습니다. 경제학 이론은 이런 합리적인 바보들만을 주목하고 있습니다"라고 충고합니다. 우리는 경제적 인간이지만 '전적으로' 비용만 생각하면 '합리적인 바보'가 될 수도 있습니다. 가격을 따지기 전에 그 물건이 반드시 필요한지, 다른 선택은 불가능한지 생각해봅시다. 갤럭시와 아이폰은 매년 신제품을 내놓습니다. 태균은 고민 끝에 작년에 출시된 스마트폰과 다른 회사 제품까지 살펴보기로 했습니다. 타인의 시선, 매혹적인 광고, 추가된 기능의 활용 여부, 사용 범위를 넘는 스펙까지 점검합니다. 신제품에 유혹당하지 않고 잠시 스치는 유행에 손목 잡히지 않을 수 있는 태도가 필요합니다.

경제적인 선택의 기준과 방법은 우선 자기 자신을 바라보는 데서 출발해야 합니다. 태균의 일상생활, 사용 패턴, 관심 분야를 고려하면 선택의 폭이 더 넓어집니다. 주체적인 생각과 행동은 경제적인 선택을 위해 중요한 조건입니다. 한 발 더 나가봅시다. 주머니에 천 원이 있다면 피시방으로 달려가 게임을 즐길 수도 있고, 시원한 생수 한 통으로 갈증을 달랠 수도 있습니다. 같은 비용으로 사람들은 저마다 다른 즐거움과 행복을 찾습니다. 태균은 100만 원으로 핸드폰을 사는 대신 전혀 다른 방식으로 더 큰 만족을 얻을 수도 있지 않을까요?

선택 장애 극복을 위한 준비

다양한 정보가 오히려 선택을 망설이게 합니다. 검색은 선택 장애의 주범입니다. 정보를 많이 가지고 있는 사람은 생각을 많이 합니다. 하지만 생각을 많이 한다고 해서 자신이 처한 상황을 더 잘 이해하는 것은 아닙니다. 오히려 그 반대인 경우가 더 많습니다. 선택은 수많은 정보 조합의 결과입니다. 김밥천국의 수십 가지 메뉴보다 메뉴판 없이 그날그날 주인 마음대로 요리를 내놓는 단품 식당이 마음 편할 때도 있는 법입니다. 결정 장애는 성격이나 취향 때문만은 아닙니다.

경제적 선택에서 중요한 요인 중 하나는 '가치 판단'입니다. 태균이 모은 아르바이트 비용 100만 원으로 좋아하는 가수의 공연을 볼 수도 있고, 배낭여행을 떠날 수도 있으며, 기타를 배울 수도 있습니다. 제한된 비용을 어디에 쓸 것인가? 사람마다 가치를 두는 분야가 다릅니다. 태균은 아르바이트 비용 100만 원을 어디에 쓸지 다시 생각해보기로 했습니다. 경영학을 전공하는 학생이니 훗날 창업 자금의 종잣돈으로 저축할 수도 있고, 대학원 진학 비용으로 쓸 수도 있습니다. 보다 넓은 세계를 여행하며 견문을 넓히고 평생 곁에 두고 볼 책을 한 권씩 사 읽을 수도 있습니다. 삶의 가치를 어디에 두느냐에 따라 태균의 선택은 전혀 달라집니다.

제한된 비용을 어디에 쓸 것인지 우선순위를 정하는 일은 개인이나 국가나 마찬가지입니다. 정부 정책의 방향에 따라 예산을 어디에 사용하는지가 달라집니다. 사회간접시설을 확충하거나 노인과 어린이를 위한 복지 예산을 늘리거나 전 국민에게 의료 혜택을 더 줄 수도 있습니다. 마찬가지로 용돈이나 월급, 자산을 어디에 쓸 것인가, 아니면 어디에 투자할 것인가의 문제는 개인적 삶의 목표와 방향에 따라 달라집니다.

물건을 사고 비용을 지출할 때 우리가 고민해야 할 일은 먼저 자신의 가치관을 바로 세우는 일입니다. 무엇을 위해 어떻게 살 것인가의 결정에 따라 생각과 행동이 달라집니다. 부유한 사람은 부유한 대로, 가난한 사람은 가난한 대로 저마다 고민의 결이 다릅니다. 먹고살 만큼 충분한 돈이 있지만 끊임없이 재산 증식을 위해 노력하고 후손들에게 상속할 목적으로 마지막까지 분주하게 사는 사람도 있고, 자녀의 대학 졸업 후에 봉사활동과 자선사업으로 자신의 재산을 사회에 환원하는 경우도 있습니다. 물질적으로 풍요롭지 못해도 자기 삶을 즐기는 사람도 있고, 생의 마지막 순간에도 돈의 노예로 죽는 사람도 있습니다. 어느 쪽이 옳고 그르다는 섣부른 판단은 삼가야 합니다. 모든 인간의 삶은 개별적 상황에 따라 다를 수 있으며, 어떤 가치가 더 소중하다고 비교할 수 없기 때문입니다. 태균이 가진 100만 원은 선택 여부에 따라 전혀 다른 가치를 갖습니다.

점심 메뉴를 고를 때도, 전공과 직업을 선택할 때도, 결혼 여부와 배우자를 결정할 때도 각자의 가치관·인생관에 따라 기준과 방법이 달라집니다. 현재를 즐기는 베짱이형 인간이나 미래를 위해 투자하는 개미형 인간이나 모두 단 한 번뿐인 인생을 소중하고 행복하게 살기 위해 노력합니다. 매일매일 벌어지는 선택 장애의 순간에 우리가 먼저 점검해야 하는 것은 주체적인 자기 삶의 태도가 아닐까요?

지속적인 만족을 주는 행복한 선택

모든 사람은 본능적으로 효율성을 계산합니다. 태균은 친구와의 약속 장소에 가기 위해 시간이 걸리더라도 한 번에 가는 버스를 탈지, 환승을 하더라도 빨리 가는 지하철을 탈지 고민합니다. 이때 고려 사항은 시간과 비용입니다. 물론 개인적 성향도 선택에 영향을 미칩니다. 천천히 음악을 들으며 책을 읽는다면 시간이 좀 더 걸려도 버스를 타는 게 낫고, 번잡스럽지만 시간을 아끼려면 지하철을 이용하는 편이 낫습니다. 태균은 더 만족스러운 선택을 위해 고민합니다. 이런 습성은 사냥을 하던 원시시대부터 시작됐습니다. 농경사회를 거쳐 오늘날 자본주의 사회에 이르기까지 행복한 삶을 위한 선택의 중요한 기준은 효율성입니다. 하지만 효율적인 선택이 반드시 만족감을 높여주지는 않습니다.

천 원짜리 배터리의 수명이 한 달이라면, 1년에 한 번만 갈아 끼우는 만 원짜리 배터리가 더 경제적인 선택입니다. 효율성과 더불어 선택의 중요한 판단 기준은 지속 가능성입니다. 100만 원으로 핸드폰을 산 태균의 행복 유효기간은 2년입니다. 이보다 더 지속적인 만족을 주는 물건이 있다면 망설일 이유가 없습니다. 더 오래 만족할 만한 선택에 기꺼이 100만 원을 쓰는 편이 낫습니다. 단기적이고 일시적인 만족보다 지속 가능한 만족을 주는 선택이 효율적입니다.

효율적 선택은 경제학의 연구 대상입니다. 수많은 통계와 데이터를 바탕으로 종목을 선택해도 예측하기 어려운 주식시장처럼, 인간의 선택과 행동은 이해하기 어려울 때가 많습니다. 심리학에게 길을 물어도 이론과 개념을 설명할 뿐이어서 개인적 상황에 적용하기는 쉽지 않습니다. 그럼에도 불구하고 우리는 여전히 효율적이고 지속 가능한 선택 방법을 고민합니다.

태균의 100만 원은 단기적인 기쁨을 줄 수도 있고, 장기적인 행복을 줄 수도 있습니다. 만족의 기준은 태균의 취향, 성격 그리고 가치 판단에 따라 달라질 수도 있습니다. 예를 들어, 인생을 뒤바꿀 만큼 큰 깨달음을 준 책 한 권을 구입한 비용은 어떤 다른 선택보다 지속 가능한 효과를 거둡니다. 장기적으로 볼 때 이는 '투자'에 해당합니다. 계속해서 그 비용을 제하고 남을 만큼의 효과를 거둘 수 있는 선택입니다. 특히 예측할 수 없는 미래를 고민하고 결정할 때는 장기적 이익을 고려해야 합니다. 일시적 효용 가치를 얻기 위한 선택은 실수로 넘길 수 있으나, 장기적인 영향을 미치는 선택은 충분한 시간을 들여 신중하게 판단하는 것이 좋습니다.

나이가 어릴수록 지식과 경험이 부족한 것은 사실입니다. 삶의 경험과 노하우가 적기 때문에 고민은 더욱 깊고 선택을 망설입니다. 성인이 된 후에도 생활 패턴이 단조롭고 다양한 경험과 지식이 부족하면 폭넓은 관점을 갖기 어렵습니다. 장기적인 만족을 높일 수 있는 합리적이고 경제적인 선택을 위해서는 앎의 범위를 확장하는 일이 중요합니다. 그렇다고 단순한 지식과 정보를 수집하는 데만 골몰할 필요는 없습니다. 네트워크 세상에서는 오히려 정보의 바다에서 허우적거릴 수도 있습니다. 주체적인 판단력을 기르고 주어진 정보를 정확히 분석하고 판단하는 일은 꾸준한 노력과 오랜 시간이 걸립니다. 고전에서 얻은 지혜와 최신 정보를 토대로 자신과 다른 생각을 가진 사람들의 이야기를 듣고 서로 다른 관점을 이해하는 과정에서 자기만의 판단력이 길러집니다.

다양한 지식과 경험을 바탕으로 다른 사람의 의견을 수용하더라도 마지막 결정은 자기 자신의 몫입니다. 따라서 지속 가능한 효율적 선택을 위해서는 인간과 세상을 바라보는 안목과 주체적인 판단

우연이 아닌 선택이 미래를 바꾼다

력이 요구됩니다. 삶에 대한 진지한 사유와 자기 선택에 대한 확신
은 끊임없는 토론과 합리적이고 이성적인 비판 정신에서 비롯됩니
다. 오랫동안 스스로 만족할 수 있는 선택을 하려면 해당 분야에 대
한 깊은 지식뿐 아니라 넓게 멀리 보는 안목도 필요합니다.

차별과 혐오 없는
선택

'정치 혐오', '정치 무관심'이라는 기사를 볼 때마다 혜진은 코웃음을 쳤습니다. "나랑 뭔 상관?" 세상물정을 모르는 어리숙한 사람이라서 그런 게 아닙니다. 스무 살이 넘어 세 번의 대통령 선거와 국회의원 선거를 치렀지만 세상은 변한 게 없다는 생각 때문입니다. 청년 실업, 비정규직 차별, 저출산 대책, 부동산 정책, 사교육 문제 등을 살펴보면 새로운 정부가 들어서도 혜진의 생활에 피부로 실감할 만한 변화는 별로 없습니다.

혜진에게 정치는 무관심이나 혐오의 대상이 아니라 애증의 대상입니다. 매번 정치인들에게 배신감을 느끼다 보니 어느새 냉소적인 태도를 갖게 되었습니다. 누가 학생회장이 되어도 학교생활에 변화가 없었던 것처럼 리더가 바뀌어도 현실 생활이 달라진 경험이 없기 때문입니다. 민주주의는 사회 교과서에 나오는 대로 작동하지 않습니다. 그러다 보니 자연스레 정치적 선택은 혜진의 관심사에서 멀어졌습니다. 그보다 결혼과 출산 같은 개인적인 문제가 더 큰 고민입니다. 남자 친구와 다툰 이후에는 혼자 사는 게 제일 편하지 않을까 하는 생각이 듭니다. 그랬더니 1인 가구, 사회 안전망, 보편적 복지, 국민연금, 노인 문제에 대한 정부의 대책에 다시 관심을 갖게 되었습니다. 결국 정치를 떠난 삶은 상상할 수 없는 걸까요?

숨 쉬는 공기까지 정치적이다

예전에 혜진이 남자 친구와 저녁을 먹으러 간 식당에 유니세프 모금함이 있었습니다. 기부와 봉사를 화제에 올렸다가 배낭여행을 갔던 유럽의 무상교육, 무상의료 이야기로 이어졌습니다. 인도적 차원의 배려와 복지 문제에 대해 혜진과 남자 친구의 견해는 달랐습니다. 오래전 일이지만 무상급식 문제로 서울시장직을 걸었던 오세훈에 대한 갑론을박이 떠올랐습니다. 아이들 밥이라도 편하게 먹게 하자는 혜진의 말에 남자 친구는 따지고 보면 공짜는 없다고 답했습니다. 가난한 집 아이들에게나 재벌 2세에게나 똑같이 무상급식을 제공하는 건 세금 낭비라고도 말합니다. 혜진과 남자 친구는 특별히

지지하는 정당이 없고 개별적 사안마다, 자신의 이익에 따라 의견이 엇갈렸습니다. 선거를 할 때는 인물과 정책에 따라 보수정당과 진보 정당을 오갑니다. 올바른 정치적 선택이 무엇인지 고민하고 토론하던 시절도 있었지만, 과연 정권이 바뀐다고 해서 현실이 얼마나 달라질 수 있을지 회의적일 뿐입니다.

결혼한 언니 경화는 아이들 교육 문제로 교육부장관이 바뀔 때마다 불평을 늘어놓습니다. 사교육비, 입시 제도에 신경을 곤두세우지만 그 밥에 그 나물이라는 결론입니다. 마트에서 장을 보면서도 아파트 시세부터 노후 준비까지 걱정하는 언니가 안쓰럽기도 합니다. 혜진의 미래도 별반 다르지 않겠지만 밥을 먹고 물을 마시고 숨을 쉬는 일까지 정치와 무관한 일은 없다는 생각이 듭니다.

1968년 과학 전문지 《사이언스》에 실린 생물학자 개릿 하딘 Garrett Hardin의 '공유지의 비극'에 관한 논문은 사회적 동물인 우리에게 많은 고민거리를 남겼습니다. 잘 자란 목초지에 각자 소를 풀어 뜯어 먹게 하면 어떻게 될까요? 인간의 이기심은 파란 초원을 황무지로 바꿀 것입니다. 공유 자원은 강제 규칙이 없다면 결국 파괴된다는 주장입니다. 소에게 풀을 먹여야 하는 사람들이 모여 소통하고 조정해야 문제가 해결됩니다. 이것이 바로 민주적 원리에 입각한 첫 번째 선택의 원리입니다. 이기심을 버리고 공공성의 원리를 이해하지 못하면 비참한 결과를 맞을 뿐입니다.

동해에서 촘촘한 그물로 물고기를 싹쓸이하는 어부를 그대로 두면 어떨까요? 그린벨트 지역의 나무를 아무나 베어다 쓸 수 있게 하면 어떨까요? 세금으로 운영되는 공원 화장실의 화장지는 통째로 가져가도 괜찮을까요? 사유 재산은 인정하면서 공공재는 주인이 없다는 생각을 가진 사람이 많습니다. 자기 욕심만 채우는 태도와 내 가족만 생각하는 이기심은 세상을 망치는 지름길입니다. 공유지의 비극은 이기적인 욕심이 공동체 전체를 무너뜨릴 수 있다는 사실을 깨닫게 합니다.

정치적 선택은 '소중한 한 표'라는 선언적 구호보다 훨씬 더 현실적입니다. 지하철 배차 간격, 버스 노선부터 남편의 퇴근 시간, 아이의 학교생활, 어르신의 노인연금까지 사실상 우리가 모두 결정합니다. 기초의회, 광역단체장, 국회의원, 대통령에 이르기까지 국민이 선택한 정치인들이 정책을 입안하고 공무원들이 실행합니다.

아침에 눈뜰 때부터 잠이 드는 순간까지 모든 생활이 정치적 선택의 결과라고 하면 지나칠까요? 정치를 외면하고 우리 사회에 무관심할수록 나라가 망하는 게 아니라 내 생활이 엉망이 됩니다. 한 사람 한 사람이 모여 가족을 이루고 사회를 구성하며 국가를 형성합니다. 나 혼자 바꿀 수 있는 게 아무것도 없는 것이 아니라 내가 바뀌지 않아서 다른 사람들도 바뀌지 않습니다. 세상을 바꾸려 하지 말고 내가 바뀌어야 합니다. '나'의 선택에는 반드시 '우리'도 포함해야 합니다. 개인의 희생을 요구하는 말이 아닙니다. 다수의 사람에게 미칠 영향을 고려하고, 모두가 함께 공유해야 하는 것들에 대해 조금 더 배려하는 마음을 갖지 않으면 푸른 초원 대신 황무지에 살 수밖에 없습니다.

행복한 개인주의자의 선택

1976년에 '당신의 오류 지대Your Erroneous Zones'라는 제목으로 출간된 웨인 다이어Wayne W. Dyer의 한국어판 제목은《행복한 이기주의자》입니다. 그는 행복을 위한 덕목으로 열 가지를 제시합니다.

1. 남보다 먼저 자신을 사랑하라.

2. 다른 사람의 눈치를 보지 말라.

3. 자신에게 붙어 있는 꼬리표를 떼라.

4. 자책과 걱정은 버려라.

5. 미지의 세계를 즐겨라.

6. 의무에 끌려다니지 말라.

7. 정의의 덫을 피하라.

8. 결코 뒤로 미루지 말라.

9. 다른 사람에게 의존하지 말라.

10. 화에 휩쓸리지 말라.

웨인 다이어의 조언에는 자기감정을 조절하고 현실을 통제할 수 있다는 전제가 깔려 있습니다. 모든 사람이 감정을 조절하고 현실을 통제할 수 있다는 말에 동의하시나요? 열 가지 충고를 실천하려면 현실적으로 대단한 용기와 모험이 요구될 겁니다. '행복한 이기주의자'는 모순된 말이지만 타인에게 피해를 주거나 공동체에 해가 되는 행위를 하지 않는다면 가능해 보이기도 합니다. 남의 눈치 보지 말고 자기 삶의 주인이 되라는 의미겠죠.

이기적 욕망과 공공의 이익 사이에서 절충 지대를 잘 찾는 일이 올바른 정치적 선택이 아닐까 싶습니다. 공익을 앞세우며 자기 삶을 희생하는 사람도 있지만, 모든 사람에게 희생하라고 강요할 수는 없습니다. 대체로 사람은 누구나 자신의 행복을 위해 노력합니다. 개인적 욕망이 공공의 영역과 충돌하는 지점을 위해 법과 제도가 마련되어 있습니다. 일반적인 사회 규범과 질서 안에서 우리는 누구도 아닌 자기 자신을 위해 살아갑니다. 웨인 다이어가 말한, 자신을 사랑하고 눈치 보지 않는 당당한 태도는 망설이지 않고 자신의 선택을 믿을 수 있다는 자신감에서 나옵니다. 물론 그 자신감은 공공성을 해치지 않는 범위 안에서 허용됩니다.

혜진의 고민인 결혼, 출산, 육아, 노후 문제도 크게 다르지 않습니다. 개인의 현실 문제는 행복한 이기주의자로 살 수 있는 선택이 좋습니다. 작지만 확실한 행복을 추구하며 개성과 취향을 존중받는 사람이 불행할 리 없습니다. 혜진의 개인적 선택이 타인과 공동체를 위협하거나 민주주의의 원리를 침해하지 않는다면, 얼마든지 행복한 이기주의자로 살 자유가 보장된 세상입니다. 가문의 명예, 학교의 위신, 회사의 발전, 국가의 운명보다 '혜진'의 행복이 결코 덜 중요하지 않습니다. 가족, 학교, 회사, 국가는 혜진과 또 다른 혜진의 결합일 뿐이기 때문입니다. 다만 개인의 선택도 결국 우리가 사는 공동체와 연결된다는 사실을 기억해야 합니다. 지속 가능한 공공의 이익을 함께 고민하지 않으면 개인의 행복도 가능하지 않습니다. 개인의 삶이 불행한데 공동체가 행복할 수 있을까요? 다수가 불행하고 소수만 행복한 세상이 가능할까요?

'나'를 위한 선택이 '전체'에도 이익이 된다면 더할 나위 없습니다. 정치적 선택이라고 해서 특별한 기준과 방법이 있는 건 아닙니다. 대부분의 사람은 자기 이익에 부합하는 선택을 합니다. 이타심을 강요할 수는 없습니다. 그렇다고 해서 타인의 이익을 침해하거나 다수를 불행하게 하는 선택은 장기적으로 자신에게도 도움이 되지 않습니다. '나'만을 위한 선택이 아니라 '우리'가 함께 행복할 수 있는 선택이 최선일 겁니다. 다른 사람이 불행한데 혼자서 행복한 세상을 원하는 사람은 없겠죠.

서로 의견이 엇갈려 논쟁이 벌어질 때, '누가 가장 큰 이득을 보는가?'라는 질문을 던져보세요. 또한 누가 손해를 보는지 살펴보세

우연이 아닌 선택이 미래를 바꾼다

요. 언제나 다수의 이익 추구가 정답은 아니지만 개인의 이익을 위해 공공성의 원리를 해치는 선택은 막아야 합니다. 민주주의 사회는 단 한순간도 저절로 작동한 적이 없습니다. 개인의 선택도 중요하지만 소수의 '이익'을 챙기려는 타인의 선택을 비판적 눈길로 감시하는 일도 중요합니다. 투표만 정치적 선택이 아닙니다. 가정, 학교, 직장에서 매일 벌어지는 선택이 모두 정치적입니다. 수많은 선택과 결정 과정이 민주적이고 합리적일 때 다수가 웃을 수 있습니다. 결국 이기주의자의 행복은 공공성 안에서 확보되는 게 아닐까요?

차별과 혐오의 벽을 넘어서

혜진은 한동안 조카 바보로 살았습니다. 꼬물거리는 손으로 혜진의 손가락을 움켜쥘 때부터 아장아장 걸음을 뗄 때까지 조카는 살아 있는 인형이었습니다. 언니는 육아 블로그를 만들어 아이의 성장 과정을 하나하나 기록하며 이웃들과 다양한 정보를 공유했습니다. 혜진도 조카를 보며 결혼과 출산 문제를 고민하기 시작했습니다. 그러던 어느 날, 친구들을 만나 수다를 떨다가 당황스러운 이야기를 들었습니다. 어떤 친구가 혜진의 SNS에 올린 조카 사진을 못마땅해 했습니다. 불임 여성들에게 아이 사진과 육아 정보는 고통을 줄 수 있다는 말이었습니다. 타인을 배려하지 않은, 사려 깊지 못한 행동이라는 의미죠.

상황은 다르지만 혜진의 사례는 실제 논란이 됐던 사건입니다. 우리는 흔히 인권을 존중하고 타인을 배려하며 차별과 혐오를 반대하는 데 동의한다고 말합니다. 그러나 배려의 대상, 차별의 기준과 방법은 제각각입니다. 이성적으로는 올바른 말과 행동에 동의하지만 현실의 관습과 문화가 다를 때 문제가 발생합니다.

'정치적 올바름PC: Political Correctness'이란 소수자를 대상으로 한 모든 종류의 차별과 편견과 혐오가 섞인 언어 표현을 쓰지 말자는 사회운동입니다. 다민족 국가인 미국에서 68운동의 일환으로 시작되어 1980년대에 큰 반향을 일으켰습니다. 인종, 성, 성적 지향, 장애, 종교, 직업, 나이 등에 대한 차별적 언어와 행동에 반대한다는 주장이 많은 사람들에게 영향을 미쳤습니다. 우리는 흔히 '정치'라고 하면 국회, 정당, 정부를 떠올리지만, 실제 생활에서 정치는 자유와 평등, 차별과 혐오에 관한 일상적 언어와 태도를 말합니다. 성소수자, 종교적 신앙 등에 따른 병역거부자, 장애인, 외국인 노동자 등에 대한 차별과 김치녀, 냄져, 맘충, 급식충, 틀딱 같은 혐오 표현은 듣기에도 거북합니다. 성별, 나이, 종교, 인종, 직업 등과 관련된 은어와 비속어, 혐오 표현이 차별과 갈등을 부추깁니다. 차별과 혐오는 정치가 생활이며 사고와 행동의 출발이라는 사실을 다시 한번 깨닫게 합니다. 언어는 사고를 규정합니다. 말한 대로 생각하고 생각한 대로 행동합니다.

우연이 아닌 선택이 미래를 바꾼다

혜진의 친구처럼 지나치게 정치적 올바름을 주장하는 사람들의 반대편에서 표현의 자유를 주장하는 '프로불편러'와 반PC 운동을 하는 사람들의 이야기도 귀담아들을 필요가 있습니다. 어느 쪽이든 획일적·극단적 주장은 언제나 반발을 불러일으킵니다. 하지만 일상적 차별과 혐오야말로 우리가 피해야 할 선택입니다. 공공성을 담보한 개인의 선택이 '정치적 올바름'으로 표현될 때 우리가 사는 세상이 조금 더 행복해지지 않을까요?

모두가 만족스러운
정의

경화의 두 딸 채영과 연우는 어릴 때 집 근처 어린이 공원 벤치에서 지갑을 주웠습니다. 지갑에는 현금과 수표 등 740만 원이 들어 있었습니다. 자매는 공원에 함께 있던 경화에게 지갑을 주운 사실을 알리고 인근 파출소를 찾아가 신고했습니다. 경찰은 분실신고를 한 중국 교포 A씨에게 지갑 모양과 내용이 일치하는지 확인한 후 지갑을 돌려주었습니다. A씨는 고향의 가족들에게 보낼 돈을 분실하고 절망에 빠진 상태였습니다. 채영과 연우 그리고 경화는 유실물법에 따라 습득자에게 지급해야 하는 보상금도 정중히 사양했습니다. 두 자매는 기억조차 가물가물하지만 경찰서장에게 표창장을 받는 장면이

우연이 아닌 선택이 미래를 바꾼다

담긴 사진 한 장을 지금도 소중하게 간직하고 있습니다.

초등학교에 입학하고 나이가 들면서 아이들은 혼란스러울 때가 많습니다. 학교에서 배우는 대로 말하고 행동하는 어른이 많지 않기 때문입니다. 매일 쏟아지는 뉴스를 보면 지위가 높은 사람, 엄청나게 돈이 많은 사람, 많이 배운 사람이라고 해도 크게 다르지 않습니다. 양심적인 선택을 하면 오히려 손해를 보거나 바보가 되는 세상은 아닌가 싶은 생각이 들기도 합니다. 도덕과 윤리는 과연 학교에서만 배우는, 객관식 시험을 보기 위한 지식에 불과할까요?

사랑에도 윤리가 필요할까?

영기는 경화를 처음 본 순간 불에 덴 것처럼 얼굴이 화끈거리고 온몸에 열이 나는 것 같았습니다. 카페 문을 열고 들어오는 그녀의 얼굴에 후광이 비쳤습니다. 짧은 연애 끝에 결혼했고 사랑스러운 채영과 연우가 태어났습니다. 어느덧 얼굴에 주름이 늘어가고 있지만 영기는 첫 만남을 잊을 수가 없습니다. 하지만 경화는 영기를 만나고 조금 망설였습니다. 착하고 사람 좋은 건 사실이지만 지금까지 소개 받았던 남자들에 비해 딱히 끌리는 부분이 없었기 때문입니다. 연애와 다르게 결혼 상대는 신중하게 선택해야 한다고 생각했습니다.

로미오와 줄리엣, 이몽룡과 성춘향의 사랑 이야기를 읽으면서 우리는 깊은 감동을 받습니다. 사랑의 본질에 대한 철학자의 가르침이 없어도 좋습니다. 한 사람이 다른 한 사람을 사랑하는 일은 인생에서 가장 소중한 경험일 뿐 아니라 영혼을 송두리째 뒤흔드는 선택입니다. 사람이 사랑을 선택하는 건 가능할까요? 사랑은 선택이 아니라 운명처럼 다가오는 그 무엇이 아닐까요?

하지만 현실적인 사랑은 조금 다릅니다. 사람 자체보다는 학벌, 재산, 직업, 외모 등 조건을 따져봅니다. 친구의 소개팅은 물론이고 엄마들이 주선한 자리는 말할 필요도 없습니다. 윤리 시간에 배운 대로 모든 사람을 수단이 아닌 목적으로 대하라는 충고를 그대로 실천할 수 있는 사람이 있을까요? 칸트Immanuel Kant의 도덕철학에 따르면 모든 인간에게 무차별적으로 동일한 행위 법칙을 적용하는 것이 도덕적 선택입니다. 부모 형제, 친구, 연인을 가리지 않아야 하고, 낯선 사람에게도 동일한 행동 원칙을 적용해야 합니다. 하물며 사랑과 결혼은 말할 필요도 없겠지요. 사랑보다 조건을 따지는 일이 비윤리적인 것은 아니지만 왠지 모르게 씁쓸하기도 합니다.

윤리적 선택의 첫 번째 기준은 '사람'입니다. 사람이 먼저라는 말이 대통령 선거 구호가 되었다는 건 대한민국 현실이 그렇지 않다는 방증이겠죠. 해고 노동자 수십 명이 죽음을 선택해도 꿈쩍하지 않는 기업, 철거민의 생계와 권리를 무시하는 자본의 논리, 국민들의 정당한 집회와 결사의 자유에 폭력을 가한 공권력의 사례는 일일이 나열하기도 어렵습니다. 우리가 일상적으로 겪는 윤리적 선택의 기준

우연이 아닌 선택이 미래를 바꾼다

을 점검해봅시다. 학교의 명예, 회사의 이익, 국가의 품격을 운운하며 기본적인 인권을 무시하지는 않았는지요? 아르바이트 학생, 비정규직 노동자, 회사의 직원을 한낱 소모품으로 여기지는 않았을까요? 높은 점수, 상급학교 진학, 승진과 출세를 내 주변 사람보다 더 중요하게 생각한 적은 없나요?

　"진리는 주인이 없다"라는 말과 함께 책에 자신의 이름을 적지 않을 것을 부탁한 겸손함과 비움의 철학자 스피노자Baruch de Spinoza. 그는 《에티카》의 마지막 문장을 "모든 고귀한 것은 어렵고도 드물다"로 끝냈습니다. 비판적 자유정신 때문에 현실 세계에서 그토록 저주받고 배척당한 스피노자가 말하고자 했던 윤리학의 핵심 또한 죽음이 아니라 삶에 대한 숭고함입니다. 숭고한 삶에서 진정한 사랑은 소유욕과 구별됩니다. 대부분의 사람은 사랑하는 사람을 욕망의 대상으로 보지만, 그 또는 그녀가 다른 이성을 사랑하거나 내게 무관심해도 슬픔을 느끼지 않고 그 또는 그녀가 이 세상에 존재한다는 사실만으로도 기뻐하는 감정이 사랑이라는 스피노자의 말에 동의하시나요? 이기적이고 현실에 눈먼 사랑이 아니라 숭고하고 지속 가능한 사랑은 현실에서 불가능할까요? 사랑을 소유와 이기적 정념이 아닌 자유와 행복의 가능성으로 파악한 철학자 스피노자는 우리에게 신선한 충격을 줍니다.

　사랑에도 윤리가 필요하듯 인간의 삶에는 언제나 윤리적 선택이 필요합니다. 현실에 필요한 도덕과 윤리는 학교에서 배운, 철학자들이 주장한, 종교인들이 지켜야 할 수준의 높고 고귀한 무엇이 아닙니다. 그저 사람을 소중히 여기는 마음, 이웃의 아픔에 공감하는 태도, 내가 아닌 누구라도 귀하게 여기는 자세, 차별 없는 세상을 외치는 사람들에 대한 관심이면 충분합니다.

정의로운 선택은 가능할까?

경화는 가끔씩 도덕적 딜레마에 빠집니다. 나눔과 봉사가 인생에서 중요한 가치인 걸 알지만 중간고사를 앞두고도 봉사활동을 하러 가는 채영이 못마땅합니다. 남들처럼 공부를 해도 모자를 판에 시간을 효율적으로 관리하지 못한다는 생각 때문입니다. 둘째 연우는 요즘 아이돌 그룹 레드벨벳의 춤 연습에 정신이 없습니다. 인근 남자고등학교 축제에 찬조 출연을 요청받아 친구들과 매일 밤늦도록 춤 연습에 몰두합니다.

영기네 가족에게도 선택은 일상입니다. 봉사활동이냐 시험공부냐, 친구 생일 파티냐 댄스 동아리 최종 리허설이냐……. 영국의 철학자 제러미 벤담Jeremy Bentham은 개인의 자유를 보장하는 민주주의 사회에서 '최대 다수의 최대 행복'을 선택의 기준으로 제시합니다. 이 기준이라면 채영은 노인복지회관에 봉사활동을 하러 가야 하고 연우는 춤 연습을 하러 가야 합니다. 이를 '공리성의 원리' 혹은 '최대 행복의 원리'라고 부릅니다. 그런데 문제는 개인과 집단의 행복이 충돌할 때 생깁니다. 고통은 최소화하고 효과는 극대화하려는 선택의 원리는 윤리적으로도 합당해야 합니다. 예를 들어, 친구 다섯 명이 한 명을 집단 폭행했습니다. 최대 행복의 원리에 따라 한 명의 억울함보다 다섯 명의 행복을 위해 처벌하지 않는 것이 바람직할까요? 이는 명백한 법률 위반 행위입니다. 공리성의 원칙이 언제나 최선의 선택은 아니죠.

윤리적 선택의 두 번째 기준은 '개인과 전체의 조화'입니다. 현실적으로 합법적 질서 안에서 도덕적 비난 가능성을 피하는 선택 방법입니다. 하지만 인간의 삶은 기계처럼 그리 간단치가 않습니다. 드라마, 영화, 소설에는 다양한 상황에서 갈등하는 인물이 묘사됩니다. 법과 제도의 범위를 벗어난 사건 속에서 비윤리적 선택을 할 수밖에 없었던 인물에 공감하기도 합니다. 현실에서도 언제나 선악의 가치 판단이 명확하지는 않습니다. 공리성 따위는 생각할 겨를도 없이 개인의 이익에 집착할 때도 있습니다. 선택은 짧고 그 영향은 오래갑니다. 따라서 사회적 의무가 아닌 스스로 세운 자기 윤리의 기준도 필요합니다. 전체를 위해 자신이 희생할 필요도 없지만, 자신의 선택으로 다수를 불행하게 하는 것도 바람직하지 않습니다.

윤리적 선택은 각자의 선택만큼 타인의 선택도 중요하며, 그 결과가 공리성을 해치지지 않는 범위 안에서 이뤄져야 하는 것입니다.

대표적 사례는 '성매매 금지법과 간통죄 폐지' 논란입니다. 각국의 문화와 전통을 고려할 때 이 법률은 개인과 사회에 미치는 영향이 제각각입니다. 법이 개인의 이불 속까지 참견할 수 없다는 논리와 '법은 도덕의 최소한'으로 도덕적 삶의 기초를 제공한다는 의견이 대립합니다. 성매매와 간통은 조금 다른 성격이긴 하지만 인류 사회에서 수천 년 동안 개인의 행복과 공리성이 첨예하게 부딪치고 있는 문제입니다.

추운 겨울밤에 차가 한 대도 지나가지 않는 집 앞 횡단보도에서 신호등을 무시하고 싶은 채영, 버스 정류장에서 주운 만 원을 기부 저금통에 넣어야 할지 망설이는 연우, 아파트 단지에서 돌아가며 맡는 반장 대신 벌금을 내고 싶은 경화, 차가 밀리는 퇴근 시간 끼어들기와 꼬리 물기 운전을 하는 차들을 향해 경적을 누르는 영기는 순간순간 이기적인 마음과 공공의 이익 앞에서 갈등합니다. 과연 옳고 그름이란 무엇일까요? 윤리적 삶이란 어디까지 가능한 걸까요? 아니 그런 건 누가 정했으며 그 기준은 합당할까요?

가끔 내 생각과 행동이 세상을 바꿀 수 없다는 자괴감이 들기도 하고, 개인의 이익과 행복이 먼저라는 생각도 듭니다. 자기희생을 통해 보다 나은 세상을 만들겠다는 사명감만으로 세상을 살 수는 없습니다. 하지만 나를 위한 선택과 나만을 위한 선택은 다릅니다. 나의 권리와 행복만큼 타인의 권리와 행복도 중요하기 때문입니다. 정

우연이 아닌 선택이 미래를 바꾼다

의로운 선택은 나의 희생이 아니라 다수의 행복을 의미합니다. 공동체의 질서를 지키며 많은 사람이 이익을 얻고 행복할 수 있는 선택과 행동이 윤리적 선택의 기본이 아닐까요? 도덕과 윤리는 다수결의 원칙과 다르지만, 몇 가지 예외를 제외한다면 대체로 많은 사람을 즐겁고 편안하게 만들어줍니다.

무지의 베일을 벗겨라!

채영은 논술 준비를 하며 존 롤스John Rawls의 '무지의 베일 원칙'에 관한 글을 읽었습니다. 채영은 현실에서는 왜 이런 원칙을 적용할 수 없는지 의문이 들었습니다. 그건 순전히 사람들의 '이기적인 욕심' 때문이라고 생각했습니다. 사회계약론은 자연 상태에서 개개인이 시민의 기본권과 의무를 정의하고 계약 관계를 맺는다는 공정한 원칙입니다. 홉스Thomas Hobbes, 로크John Locke, 루소Jean Jacques Rousseau와 같은 사회계약론자들의 생각은 여기서 출발합니다. 그런데 계약을 맺는 개개인의 역량은 차이가 납니다. 시민의 대표자들은 개별적 시민의 재산, 능력, 인종, 성별, 종교, 신념 체계를 잘 알지 못합니다. 이런 근본적인 문제를 해결하기 위해 대표자들의 집단은 사회의 기본 구조를 만들고 통치하기 위해 두 가지 정의의 원칙을 세웠습니다.

1. 각각의 시민들은 적절한 기본적 자유의 틀을 보장받는다. 이 자유의 내용은 모두를 위한 자유의 내용과 양립되는 것이어야만 한다.

2. 사회적이고 경제적인 불평등은 두 가지 조건 아래에서만 용인될 수 있다. ― 모든 지위와 직책이 모두에게 반드시 동등한 기회하에 모두에게 개방되어 있어야만 한다. ― 경제적 불평등의 시정은 최소 수혜자에게 최대 이익이 되도록 조정되어야만 한다.

두 가지 원칙에 입각하여 '무지의 베일veil of ignorance'은 이해 당사자들이 어떤 대안이 자신에게 유리하고 불리한지 모르는 상황을 말합니다. 이러한 무지의 베일 속에서 합의되는 일련의 법칙을 정의라고 말할 수 있다는 것이 존 롤스의 생각입니다. 가장 간단한 사례가 피자 나누기입니다. A가 피자를 반으로 나누고 B가 선택권을 갖는다면, A는 무지의 베일에 가려진 상태입니다. A는 어느 쪽이 자기 몫이 될지 알 수 없으므로 최선을 다해 정확히 반으로 자르려고 노력할 수밖에 없습니다.

현실은 피자를 나눠 먹는 일보다 복잡합니다. 불법 채용 비리부터 지역구 예산 배당 청탁까지 정의의 원칙은 지켜지지 않습니다. 그럼에도 불구하고 채영은 실현 가능성이 없어 보이는 이론과 철학

우연이 아닌 선택이 미래를 바꾼다

을 왜 공부해야 할까요? 어릴 때부터 음식, 옷 등 무엇 하나 연우와 싸우지 않은 게 없습니다. 눈물이 찔끔 날 만큼 억울할 때는 엄마가 공평하지 않을 때였습니다. 공평과 정의는 우리 삶의 원칙에 해당합니다. 공정한 사회, 정의로운 사회는 교과서에 나오는 선언적 의미가 아니라 바로 내 삶을 지배하는 중요한 원칙입니다. 윤리적 선택의 마지막 기준인 '정의'는 개인적으로도 사회적으로도 계속해서 함께 고민해야 할 문제입니다.

존 롤스가 주장하는 정의의 기준과 방법에 대하여, 자유주의 철학자 노직Robert Nozick은 국가는 분배적 정의를 위해 재산권을 침해할 수 없고, 사회 전체의 부를 늘리는 것이 최하층(최소 수혜자)의 복지에 유리하며, 복지국가는 개인의 책임감을 없애고 나태하게 만든다고 비판했습니다. 정치권에서는 여전히 이 문제에 관해 논쟁을 벌이며 정책의 방향을 결정하는데, 그 결과는 고스란히 시민들의 삶과 직결됩니다. 개인의 윤리적 선택 기준도 이와 크게 다르지 않습니다. 작게는 가족과 연인, 크게는 학교, 직장, 사회에서 정의란 무엇인가를 고민합니다. 그 기준과 방법은 각자 조금씩 다를 수 있으나 사실 더 큰 문제는 정의롭지 못한 상황에 부딪쳤을 때가 아닐까요?

우선 무지의 베일이 필요합니다. 그것이 벗겨지는 순간 정의는 사라지고 혼란이 가중됩니다. 이기적 욕심에 집착하고, 전체를 살피지 않습니다. 소수에게 자본과 권력이 집중되고 견제 장치가 사라져 우리는 정의롭지 못한 세상에서 살아가야 합니다. 감시하지 않고 참여하지 않는 시민에게 공짜로 '정의'를 손에 쥐어준 역사는 어디에서도 찾아볼 수 없습니다.

이기적 욕망을 위한
선택

취업을 앞둔 태균은 자신의 적성과 능력에 맞는 기업을 꼼꼼하게 살핍니다. 물론 실제 일하는 분야가 중요하다고 생각하지만, 각기 다른 기업 문화, 조직의 특성, 근무 환경이 마음을 흔들기도 합니다. 연봉이 높고 자유로운 분위기에서 일할 수 있는 외국계 기업도 고려대상입니다. 그러다 문득 자신의 진짜 욕망은 자세히 들여다본 적이 없는 게 아닌가 싶었습니다. 내가 꿈꾸는 삶은 어떤 삶이며, 행복하게 살기 위해 필요한 조건은 무엇인지 생각해봅니다. 삶의 목표와 이기적 욕망 사이에서 갈등하는 건 아닌지 모르겠습니다. 인간이 가진 기본적인 욕구와 달리 사람들은 조금씩 다른 꿈을 꾸며 살아갑니다. 당신이 원하는 삶의 행복은 무엇인가요?

태균은 경영학이 '인간'을 다루는 학문이라고 생각합니다. 일반 기업뿐 아니라 넓게는 관공서, 학교, 군대 등 조직의 구조와 행동 원리를 탐구하는 분야이기 때문입니다. 졸업을 앞두고 취업 준비를 하면서 개별 인간의 욕망과 의사결정 과정이 더욱 궁금해졌습니다. 연봉과 근무 조건을 따지고 적성에 맞는 분야를 찾는 문제도 결국 '선택'의 과정이기 때문입니다. 인간의 욕망은 끝이 없습니다. 물론 그런 욕망이 없었다면 오늘과 같은 문명도 이루지 못했을 겁니다. 인간은 살아 숨 쉬는 동안 끝없이 욕망하고, 때로는 필요 이상의 욕망이 개인과 사회를 무너뜨리기도 합니다.

동조 압력과 마시멜로 이야기

대기업, 공기업, 언론사 등 다양한 분야를 살피고 있지만 태균은 여전히 노래를 하고 싶습니다. 괜찮은 성적 덕분에 주변 사람들에게 인정받으며 살아왔지만 이제는 자기 꿈을 인정받고 싶습니다. 하지만 부모님께 말도 꺼내본 적이 없습니다. 5년 이상 춤과 노래를 연습하고 데뷔하는 요즘 아이돌을 보면, 아마추어 실력인 태균 스스로도 가수의 꿈을 이룰 수 있을지 자신이 없습니다. 하지만 쉽지 않더라도 끝까지 도전해보고 싶은 생각을 지울 수가 없습니다. 취업 준비를 하며 취미로 노래하고 싶지는 않습니다. 직장에 다니며 평범하

우연이 아닌 선택이 미래를 바꾼다

게 살아가는 모습을 기대하는 부모님의 마음을 모르지 않지만 동아리 활동과 취미로 끝내야 하는 상황이 아쉽습니다. 더구나 회사를 다니며 월급날을 기다리는 인생을 생각하면 끔찍합니다. 요즘은 정성을 다해 키워주시고 고생스럽게 대학 등록금까지 마련해주신 부모님의 눈빛이 부담스러울 때도 있습니다. 이대로 취업 준비 스터디를 계속해야 할지, 아니면 지금부터라도 오디션을 보러 다녀야 할지 고민 중입니다.

친한 동기와 이 문제를 상의하다가 본전도 못 찾았습니다. 직장 생활을 하는 선배들을 만나 고민을 털어놓아도 마찬가집니다. 보이지 않는 현실의 무게와 더불어, 주변 사람들이 암묵적 동의를 강제하는 '동조 압력'이 태균의 욕망을 억누릅니다. 어릴 때부터 사고 한 번 없이 모범생으로 자란 태균은 이대로 꿈을 접어야 할까요? 아니면 심리적 압박을 이겨내고 가수의 길을 걸어야 할까요?

태균은 중학교 3학년 때 담임 선생님이 권해준《마시멜로 이야기》를 읽었습니다. 네 살 때 스탠포드 대학 '마시멜로 실험'에 참가했던 조너선 회장이 운전기사 아서에게 들려준 이야기가 감동적이었습니다. 마시멜로 실험은 당장 먹고 싶은 달콤한 마시멜로의 유혹을 15분 견딘 아이들이 훗날 성공한 인생을 산다는 연구 결과를 보여줍니다. 원하는 것을 성취하기 위해 기다릴 줄 아는 능력은 인생에서 매우 중요하지만, 언제까지 참고 기다리며 침만 삼켜야 할지 알 수가 없습니다.

　평소에도 조용하고 성실했던 태균에게 마시멜로는 음악이었습니다. 이어폰을 꽂고 노래를 부르는 게 유일한 취미였던 태균은 음악을 잠시 미루고 부모님과 선생님의 기대에 부흥하는 성실한 모범생으로 살아왔습니다. 대학에 입학한 후 본격적으로 밴드에 참여하면서 싱어송라이터의 꿈을 키웠습니다. 그리고 이제는 선택의 순간이 다가왔습니다. 인디 가수로 살아남을 수 있을까요? 아니면 안정적인 직장에 다니면서 노래방이나 다녀야 할까요?

　사람은 누구나 상황과 맥락에 따라 적절한 선택을 하는데, 그 선택은 개인적인 성향, 관계, 능력에 따라 달라집니다. 자신의 욕망에 충실한 사람도 있고, 여러 가지 상황을 고려해 결정을 미루는 사람도 있습니다. 어느 쪽이 올바른 선택이라고 할 수는 없습니다.

　개인적 선택의 첫 번째 기준은 실천 의지입니다. 이 욕망을 즉시 실현할 것인지, 조금 미뤄두고 적절한 타이밍과 상황을 살필 것인지 생각해보세요. 지연된 정의는 정의가 아닌 것처럼 행복은 내일로 미룰 수 없습니다. 하지만 자기 욕망에 충실하여 일시적 충동에 사로잡히면 주변의 충고와 조언이 들리지 않습니다. 개인적 선택이야말로 절대 고독의 순간입니다. 스스로 선택하고 그 결과를 책임져야 하기 때문입니다. 경제적·사회적·윤리적 선택의 기준들을 고려하여 마지막 결정을 내려야 할 때가 지금일까요, 아니면 15분 후일까

우연이 아닌 선택이 미래를 바꾼다

요? 충동적인 선택은 미뤄야겠지만 오래 준비하고 신중하게 생각한 선택이라면 행동에 옮기고 그 결과를 받아들여야 합니다.

주변 친구들과 다른 길을 걷고 싶은 태균의 선택은 더더욱 조심스럽습니다. 교수님과 동기들의 보이지 않는 동조 압력도 만만치 않습니다. 이제 미뤄둔 마시멜로를 먹어야 할 때라고 생각하다가도, 지금까지 태균이 미뤄둔 것은 그토록 먹고 싶던 마시멜로가 아닐 수도 있다는 두려움이 생깁니다. 평생 노래하는 사람이 되고 싶은 건지, 음악이 교과서와 참고서만 지겹게 들여다보던 학창 시절의 유일한 탈출구였는지 태균은 여전히 망설이고 있습니다.

태균은 더 이상 미룰 수 없는 가수의 꿈을 현실로 만들 수 있는지 확인하기로 마음먹었습니다. 전문가에게 객관적으로 실력을 검증받고, 싱어송라이터로 살아가기 위한 구체적인 방법도 알아보기로 했습니다. 경제적인 문제를 어떻게 해결해야 노래를 계속할 수 있을지도 고민해야 합니다. 현실적인 조건 때문에 꿈을 포기하는 일은 슬프지만 비현실적인 꿈을 위해 한 번뿐인 인생을 허비할 수도 없습니다. 자기 욕망에 충실한 선택이 행복한 삶으로 이끌어준다면 더할 나위 없을 겁니다. 동조 압력을 견디고 다른 길을 걷기 위해서는 더 많은 노력과 준비가 필요합니다. 참고 견디는 힘은 마시멜로가 아니라 자기 꿈을 실현하고픈 욕망에서 비롯됩니다.

타인의 욕망을 선택하는 건 아닐까?

플라톤Platon은 자신에게 결핍된 대상에 대한 사랑을 욕망이라고 인식했습니다. 욕망의 본질이 결핍이라는 주장입니다. 인간의 불행은 결핍을 채우는 데 머물지 않고 그 이상을 욕심내는 데서 시작됩니다. 동양철학의 가르침도 이와 다르지 않습니다. 노자老子와 장자莊子는 물론 수많은 경전의 가르침은 비움과 무소유에 대해 이야기합니다. 불교철학은 근본적인 세 가지 번뇌를 삼독三毒이라 합니다. 탐욕貪慾, 진에瞋恚, 우치愚癡가 그것입니다. 자기가 원하는 것에 욕심을 내어 집착하는 마음, 시기하고 질투하고 미워하고 분노하는 마음, 세상을 있는 그대로 이해하고 판단할 수 없는 어두운 마음입니다. 태균의 욕망과 선택의 고민은 옛 성현들의 말에서 크게 벗어나지 않습니다. 개인적 선택의 두 번째 기준은 자기 욕망의 확인입니다.

사람들은 모두 자신이 자유 의지에 따라 생각하고 판단한다고 착각합니다. 이는 오만한 발상입니다. 개인의 취향, 생각, 기호는 대부분 학습된 문화와 전통이며 자연스럽게 이루어진 사회화 과정의 결과물이 아닐까요? 부모님의 양육 태도, 학교의 잠재적 교육과정, 지역 사회의 전통과 문화가 내면화되면서 한 인간은 독특한 개성과 취향을 갖습니다. 인디언의 후예로 태어났다면 수능을 망쳤다고 세상이 무너진 듯 좌절하지는 않을 테니까 말입니다.

자신의 욕망을 확인하려면 먼저 타인의 욕망을 파악해야 합니

우연이 아닌 선택이 미래를 바꾼다

다. 부모님의 생각과 판단, 선생님의 수업 내용, 우리 사회의 지향점을 살펴보면 대체로 자기 욕망의 뿌리를 확인할 수 있습니다. 이 과정에서 자신의 꿈과 선택의 기준이 결정됩니다. 타고난 성격, 신체적 특징, 감각적 취향은 사람마다 조금씩 다릅니다. 하지만 좋아하는 음식, 물건을 고르는 방법, 사람을 대하는 태도, 사물을 인식하는 방법은 경험과 학습의 결과입니다. 모든 삶의 환경이 개인의 욕망에 영향을 미칩니다. 자신의 욕망은 타고난 본질적 특성과 외부 환경의 영향에 따라 다양한 형태로 표출되는 것입니다.

자본주의 사회에서 매스미디어는 우리의 생각과 감정을 지배할 정도로 강력한 영향을 미칩니다. 현대인은 매일 쏟아지는 뉴스의 영향을 받고 24시간 광고에 노출되어 살아갑니다. 인간의 욕망은 타고나는 게 아니라 만들어지는 게 아닌가 싶습니다. 우리는 네트워크 세상에서 실시간으로 추천받은 맛집을 찾아가고, 유명인이 입는 옷과 신발을 관찰하며, 주변 사람들의 일상을 들여다봅니다. 이번 주말에 볼 영화, 연휴에 떠날 여행지도 이런 식으로 결정할 때가 많습니다. 전공이나 직업까지도 타인의 시선과 욕망에 영향을 받는 경우가 많습니다. 홍수처럼 쏟아지는 수많은 지식과 정보가 오히려 선택을 방해하고 주체적인 판단과 결정을 어렵게 할 수도 있습니다.

기성세대의 기대와 달리 '젊은 세대'는 자기 나름의 빛깔과 향기를 드러냅니다. 개성이 강하고 의사 표현이 분명하며 자기 욕망에 충실합니다. 그럼에도 불구하고 지식과 경험 부족, 미래에 대한 불안으로 낯설고 새로운 길을 택하기보다 기존 사회질서에 자연스럽게 순응합니다. 이런 보수적인 삶의 자세가 안전하게 느껴질지 모르지만 자기 내면의 목소리를 듣지는 못합니다. 세상은 점점 더 빠른 속도로 변하고 과학기술은 눈부신 속도로 발전합니다. 미래는 현재와 같은 모습일까요? 변화의 속도를 체감하며 능동적이고 유연한 자세로 도전하지 않으면 4차 산업혁명 시대를 어떻게 살아갈까요? 개인적 선택의 두 번째 기준인 자기 욕망을 확인하려면 주체적인 관점으로 내가 사는 세상의 변화를 읽어내고 객관적인 시선으로 자신을 파악해야 합니다. 내 안의 나를 들여다볼 시간입니다.

욜로, 휘게 그리고 미니멀 라이프

명옥은 손자 태균을 볼 때마다 한숨이 나옵니다. 물가에 내놓은 어린아이가 따로 없습니다. 대학생이 되었지만 철이 없어 앞으로 이 험한 세상을 어찌 살지 걱정입니다. 요즘 젊은이들이 욜로YOLO: You Only Live Once다 뭐다 해서 베짱이처럼 사는 게 못마땅합니다. 늘 아끼고 저축하며 미래를 대비할 수는 없겠지만 한 번뿐인 인생 하루하루 즐겁게 지내자는 말이 마땅치 않습니다.

태균에게도, 할머니 명옥에게도 인생은 단 한 번입니다. 래퍼 드레이크Drake가 발표하여 빌보드 R&B와 힙합 차트에서 1위에 오른

우연이 아닌 선택이 미래를 바꾼다

곡 〈더 모토The Motto〉의 "You only live once: that's the motto nigga, YOLO(인생은 단 한 번, 그게 내 좌우명, 욜로)"라는 가사가 그대로 2030세대의 모토가 되었습니다. 방학이면 여행을 떠나고, 사고 싶은 물건에 아낌없이 돈을 씁니다. 취업이나 결혼 이야기를 꺼내면 태균은 자리를 피합니다. 명옥은 음악에 푹 빠져 지내는 손자가 걱정스럽습니다.

영화 〈죽은 시인의 사회〉에서 키팅 선생님 때문에 우리에게도 친숙해진 라틴어 "카르페 디엠carpe diem(현재를 붙잡아라)"의 현대판 구호가 '욜로'입니다. 고대 그리스 철학자 헤라클레이토스Heracleitos가 남긴 "만물은 유전流轉한다panta rhei"라는 말의 의미도 욜로족에게 힘을 줍니다. 세상 사람을 둘로 나누자면 개미형 인간보다 베짱이형 인간에 가까운 사람들이 여기에 해당할 겁니다. 욜로족을 순간적인 쾌락, 일시적 충동에 휘말리는 사람이라고 오해하기도 하지만, 사실 현재에 충실한 삶의 태도와 한 번뿐인 인생을 즐기자는 슬로건은 세상을 살아가는 방법 중 하나가 아닐까요?

10년 뒤 내 집 마련을 위해 매달 적금을 붓는 사람의 기다림이나 불어나는 통장 잔고를 바라보는 사람의 흐뭇함보다, 할부로 자동차를 먼저 구입해서 노을 지는 국도를 달리며 차 안에 울려 퍼지는 음악을 듣고 언제든 떠날 수 있는 자유를 누리는 사람의 선택이 틀렸다고 할 수 있을까요? 덴마크와 노르웨이의 생활 방식 중 하나로 안락하고 아늑한 상태를 뜻하는 '휘게Hygge'는 가족이나 친구와 느긋하게 밥을 먹고 대화를 나누는 친교 위주의 삶을 말합니다. 이를테면 저녁이 있는 삶의 형태입니다. 조금 더 벌고 자기 계발에 시간을 투자하는 대신 사람들과 어울리고 가족과 일상을 즐기는 라이프스타일입니다. 물욕을 버리고 단순하고 소박한 삶을 지향하는 미니멀라이프를 추구하는 사람도 점점 늘어갑니다. 그 명칭이야 어떠하든 세상을 살아가는 방법, 인생의 목표와 가치는 개인의 선택입니다. 그 선택에 따라 삶의 과정과 결과도 달라집니다. 어느 쪽이든 자신이 행복하고 즐거운 삶을 선택하기 위해 우리는 매일매일 노력하고 있습니다.

명옥이 생각하는 사회적 성공, 물질적 풍요로움과 거리가 먼 삶의 방법과 태도를 지향하는 태균도 고민이 많습니다. 오늘의 행복, 일상의 즐거움, 소확행(작지만 확실한 행복), 좋아하는 일에 아낌없이 투자하는 생활에 대한 일종의 불안과 두려움 때문입니다. 하지만 주변을 둘러보면 사회·경제적으로 성공한 사람들도 미래가 불안하고 걱정스러운 건 마찬가지입니다. '잉여'와 '축적'을 위해 사는 사람과 달리 매일매일 충실하게 현재를 즐기는 사람은 내일 또 어떤 두근거리는 일이 벌어질까 기다려지지 않을까요?

철학자 니체Friedrich Wilhelm Nietzsche는 인간의 욕망을 '푸줏간 앞의 개'에 빗대서 표현했습니다. 눈앞의 고기를 먹고 싶은 욕망은 있

우연이 아닌 선택이 미래를 바꾼다

지만 푸줏간 주인의 시퍼런 칼이 두려워 전진할 수도 후퇴할 수도 없는 푸줏간 앞의 한 마리 개가 바로 우리들의 자화상은 아닐까요?

인생의 고비마다, 힘들고 어려운 순간마다 우리는 선택의 기로에서 망설입니다. 각자의 '욕망'을 돌아보며 자기 삶의 방법과 태도를 살피죠. 마시멜로를 먹지 않고 내일로 미뤄두는 인내의 고통을 견디는 것보다 지금 이 순간의 행복을 즐기는 일이 왜 나쁜지, 동조 압력을 견디며 외롭게 자기만의 길을 걷는 게 과연 올바른 선택인지 고민합니다. 자신의 욕망에 충실하고 싶지만 타인의 시선으로부터 자유로울 수도 없습니다. 그렇게 복잡하고 다양한 선택의 기준과 방법을 하나하나 살피고 고민하는 과정에서 자기 나름대로 주체적인 삶을 살아가는 단단한 사람으로 거듭나는 게 아닐까 싶습니다.

제2부

선택할 수 없는
삶의 조건들

3장.

선택할 수 없다고
포기하면 안 된다

성별이 운명이라는 착각

2억 개가 넘는 정자가 단 한 개의 난자를 향해 질주합니다. 난자는 그중 오직 한 개의 정자만을 받아들입니다. 극히 드물게 공동 우승을 차지하는 경우가 있는데, 이란성 쌍둥이가 그 주인공입니다. 하지만 대부분 1등만 살아남는 처절한 경쟁입니다. 2억분의 1의 확률로 태어나는 인간의 탄생 과정 자체가 한 편의 놀라운 드라마입니다.

인간을 포함한 포유류는 한 쌍의 성염색체에 의해 성별이 결정됩니다. 성염색체는 X와 Y 두 종류가 있습니다. X염색체 두 개가 결합하면 여성(XX), X염색체와 Y염색체가 만나면 남성(XY)이 됩니다. 여성의 난자는 모두 X염색체지만, 남성의 정자는 X염색체와 Y염색

우연이 아닌 선택이 미래를 바꾼다

체가 절반씩입니다. 그러니 X와 Y 중 어떤 염색체를 가진 정자가 수정에 성공하느냐에 따라 성별이 결정됩니다. 한마디로 아들이냐 딸이냐를 선택하는 건 아버지의 역할입니다. 여성의 난포액 속 테스토스테론 농도가 아이의 성별에 영향을 준다는 새로운 연구 결과도 발표되었지만 결정적인 역할은 남성의 몫입니다.

그럼에도 불구하고 남존여비 사회였던 조선 시대에는 아들을 낳지 못하는 경우를 칠거지악에 포함시켜 여자를 쫓아낼 수 있었습니다. 후처를 들이거나 씨받이를 두는 경우도 다반사였습니다. 과학적 지식이 부족했기 때문이었을까요? 세상이 많이 달라졌지만 남아선호사상은 최근까지 이어졌으며 남녀 차별 문제는 21세기를 사는 우리에게 여전히 첨예한 이슈 중 하나입니다.

경화는 남편 영기의 성염색체와 결합하여 두 딸 채영과 연우를 낳았습니다. 물론 부부가 아이들의 성별을 선택할 순 없습니다. 인생이 그러하듯 순수한 우연에 맡길 수밖에 없는 일도 있는 법입니다. 다행히 두 아이는 건강하게 잘 자라주었습니다. 주변에서 아들 이야기를 꺼내기도 했으나 부부는 한 번도 아들이 없어 아쉬워한 적이 없습니다. 오빠나 남동생이 없으니 두 아이도 남녀 차별이나 성 역할에 대해 깊이 고민하지 않았습니다. 채영와 연우는 여성으로 차별받지 않고 당당하게 살아갈 준비를 하고 있습니다.

자식이 부모를 선택할 수 없듯 부모는 아들과 딸을 원하는 대로 가질 수 없습니다. 그럼에도 불구하고 인류의 역사는 오랫동안 여성을 차별하고 억압하는 남성 중심 사회였습니다. 부자와 권력자가 만든 법과 제도는 힘없고 약한 사람들보다 자신들의 생각과 행동을 정당화하는 데 사용됐습니다. 물론 이들은 대부분 남성입니다. 근대 이후 민주주의를 표방하는 문명국가에서는 자유와 평등의 원리에 입각해서 법적으로 어떤 성차별도 인정하지 않습니다. 하지만 우리가 처한 현실은 선언적 구호와 많이 다릅니다. 대기업 임원, 지방자치단체장, 선출직 공무원들의 성별을 보면 알 수 있습니다. 유리천장(조직 안에서 여성과 같은 비주류 구성원이 승진하지 못하는 현상)은 아직도 그대로입니다. 여성의 실력이 모자라거나 업무 능력이 부족하기 때문일까요?

동양의 가부장제뿐 아니라 서양의 전통과 문화에서도 여성에 대한 억압적 구조는 별반 다르지 않았습니다. 인류는 철저하게 계급 사회였으며 남성 중심의 문화와 전통을 유지해왔습니다. 그 견고한 벽을 허물고 구조적 틀을 깨는 일은 결코 쉽지 않습니다. 21세기를 살아가는 우리는 과거와 전혀 다른 환경에 놓여 있지만, 여전히 사회적·제도적 차별이 남아 있습니다. 사람들의 생각과 행동이 바뀌는 데는 오랜 시간이 걸립니다. 하지만 여성에 대한 이해와 배려를 넘어 남성과 여성이 평등한 존재로 함께 살아가는 세상은 우리가 선택할 수 있는 일입니다.

우연이 아닌 선택이 미래를 바꾼다

남성과 여성은 신체적·정서적 차이가 있습니다. 신체 구조, 물리적 힘, 정서적 반응 등 객관적으로 다른 요소가 존재합니다. 이 같은 차이를 인정하는 데서 출발해야 차별의 벽을 넘을 수 있습니다. 기계적 평등은 가능하지도 않고, 바람직하지도 않습니다. 남성과 여성은 서로를 다른 개성과 장단점을 지닌 동등한 존재로서 이해하고 인정해야 합니다. 과격하고 극단적인 평등주의는 차별보다 더한 고통을 줄 수도 있습니다. 남성과 여성은 획일적 동일성을 주장하며 경쟁하고 갈등하는 대신 더불어 살아가야 하는 존재입니다. 혐오가 아닌 공존의 대상입니다. '나'와 '너'를 구별하기보다 '우리'가 함께 걷는 방법을 고민해야 하지 않을까요?

'나'는 남성 혹은 여성이지만, '우리'는 성별의 구분이 없습니다. 지금까지 남성과 여성은 기울어진 운동장에 서 있었습니다. 차별은 남성의 문제가 아니라 여성의 문제입니다. 선택할 수 없는 생물학적 성sex과 달리 사회적 성gender 역할은 우리의 선택에 따라 얼마든지 달라질 수 있습니다. 우리 사회의 제도, 교육, 관습, 문화, 전통 등을 다시 돌아보는 일부터 시작해야 합니다. 중세 계급사회가 합리적이고 온당한 제도였다면 신분 질서가 무너졌을 리 없습니다. 이를 남녀 문제에 적용하면 모든 남녀 차별의 논리는 쉽게 무너집니다. 기득권을 가진 자, 즉 남성들의 항변이 힘을 잃고 배제와 차별의 논리에 갇힌 여성들의 목소리가 받아들여집니다. 모두가 평등한 존재로 사는 세상이 바람직하지 않을까요?

예를 들어, 군대와 출산 문제로 논쟁하는 남성과 여성은 비논리적이고 감정적인 태도로 소모전을 벌입니다. 권리에는 의무가 따르고, 자유는 책임을 동반합니다. 국방의 의무에 대한 충분한 보상이 이뤄져야 하며 출산으로 인한 경력 단절, 육아 문제도 해결되어야 합니다. 남녀가 갈등할 이유가 없으며, 머리를 맞대고 함께 해결해야 할 문제입니다. 합리적이지 못한 논쟁과 경쟁적 대결은 누구에게도 도움이 되지 않습니다. 성별은 선택할 수 없지만, 남성과 여성에 대한 생각과 행동은 선택할 수 있습니다. 선택할 수 없는 것들에 대한 태도에 따라 우리 삶은 전혀 다른 방향으로 흘러갑니다.

또 하나의 성별에 대한 중요한 논쟁거리는 남자 몸으로 태어난 여자와 여자 몸으로 태어난 남자 그리고 동성애 문제입니다. 수많은 소설과 영화와 드라마에서 다루고 있어 이제는 조금 익숙하지만 이들에 대한 오해와 편견은 여전합니다. 논쟁과 갈등의 초점은 언제나 선택 가능 여부입니다. 트랜스젠더와 동성애가 선택의 문제일까요? 영화 〈가장 따뜻한 색, 블루〉에서 15세 소녀 아델은 파란색 머리를 한 소녀 엠마를 만나 사랑에 빠지고, 영화 〈콜 미 바이 유어 네임〉에서는 열일곱 소년 엘리오가 스물넷 청년 올리버에게 마음을 빼앗깁니다. 관객들은 이들의 사랑이 이성 간의 사랑과 어떻게 다르다고 느꼈을까요?

우연이 아닌 선택이 미래를 바꾼다

'정상'과 '비정상'의 기준은 무엇일까요? 구별과 차별은 백지 한 장 차이입니다. 다르다고 틀린 건 아닙니다. 남성과 여성이라는 일반적 차이를 인정하고 수용하는 데서 시작해봅시다. 남성은 다 같을까요? 여성은 모두 똑같습니까? 사람은 저마다 신체적 특징과 유전적 정보가 다릅니다. 그 다름을 인정하지 않고 차별하는 시선과 구별 짓는 말 한마디가 가족과 친구와 이웃을 불행하게 합니다.

돈 많고 힘이 세고 똑똑한 사람에게 더 많은 권리를 주고 그렇지 못한 사람에게는 더 많은 의무를 지게 해야 할까요? 권리와 의무는 비례해야 합니다. 보다 많은 권리를 주장하는 사람들은 대부분 남성이며 기득권을 가진 사람입니다. 모든 인간은 평등하다고 외치며 계급 사회를 무너뜨린 인류가 성별이 다르다는 이유만으로 여성을 차별하는 행동은 부끄러운 일입니다.

남자답지 못하다, 여자답지 못하다는 말은 사회적 관습을 내면화하라는 암묵적 폭력입니다. 이미 기울어진 운동장 그늘에서 울고 있는 여성들과 양지바른 운동장 위쪽에 당당히 서 있는 남성들의 고통이 같을 수는 없습니다. 외모와 나이처럼 개인의 노력과 선택이 불가능한 삶의 조건 중 하나가 성별이지만, 그렇다고 성별 때문에 차별받는 세상을 '운명'이라고 체념할 수는 없습니다. 선택할 수 없는 것들에 대한 관심과 태도가 때로는 우리의 인생을 바꿔놓을 수도 있습니다. 남성으로 태어났는지 혹은 여성으로 태어났는지에 맞춰

적응하고 순응하는 일보다 다른 성에 대한 올바른 이해와 자기 성 역할과 한계에 대한 고민을 시작해보는 건 어떨까요?

군대를 다녀온 영기는 일요일 아침마다 축구를 하러 갑니다. 조기 축구 회원들과 거친 숨을 몰아쉬며 땀 흘리고 부대끼는 일이 즐겁습니다. 일주일의 스트레스가 풀리고 온몸이 가벼워지는 느낌입니다. 아이돌 그룹 워너원을 좋아하는 경화는 가끔씩 두 아이와 시간 가는 줄 모르고 수다를 떱니다. 공연도 함께 보러 다닙니다. 콘서트에 가서 소리를 지르고 나면 두통까지 사라집니다. 스포츠를 좋아하는 여성, 콘서트를 좋아하는 남성이 없는 건 아니지만 일반적으로 남녀의 취미와 스트레스 해소 방식은 조금 다릅니다. 이는 개인의 선택이 아니라 선천적인 특성의 '차이'가 아닐까요? 이해할 수는 없지만 상대를 인정하고 받아들이려는 노력이 필요합니다. 여자는 남자의 종이 아니고, 남자는 여자의 적이 아닙니다. 더불어 살아가야 할 가족이며 연인이며 이웃입니다.

우연이 아닌 선택이 미래를 바꾼다

부모와의
적당한 거리

미국의 과학자 호프 자런Hope Jahren은 2016년《타임》이 선정한 영향력 있는 인물 100인에 포함되었습니다. 그녀가 쓴《랩걸》은 인문학적 통찰을 담고 있습니다. 숲 속의 식물은 저마다 다른 방식으로 성장하며 주변과 조화를 이룹니다. 이주자 가정에서 태어나 여성으로 살아가는 저자의 모습이 그대로 한 그루 나무를 닮았습니다. "나는 아버지의 실험실에서 자랐습니다. 화학 실험 도구가 늘어서 있는 실험대에 키가 닿지 않을 때는 그 밑에서 놀았고, 키가 큰 다음에는 실험대에서 놀았습니다"라는 고백이 인상적이었습니다. 과학 교수였던 아버지의 영향이 아니었다면 호프 자런은 어떤 인생을 살고 있을까요?

경화와 영기가 자식의 성별을 선택할 수 없듯이, 채영과 연우 또한 부모를 선택할 수 없습니다. 부모와 자식의 관계는 우연 혹은 운명으로 맺어집니다. 부모의 유전 정보를 그대로 물려받아 외모와 키는 물론 발가락 모양과 피부 톤까지 닮습니다. 성격과 입맛, 체질과 질병까지 물려받았으니 채영과 연우에게 엄마와 아빠는 자신들의 오래된 미래입니다. 이처럼 모든 사람에게 부모는 존재의 근원이며 한계이자 가능성입니다.

세상의 수많은 사람들 중에 채영과 연우는 왜 영기와 경화 사이에서 태어났을까요? 이런 질문 자체가 성립하지 않습니다. 앞서 말했듯 생명 탄생의 신비는 경이로운 우연의 연속일 뿐입니다. '신체발부 수지부모 불감훼상 효지시야身體髮膚 受之父母 不敢毀傷 孝之始也'는 신체와 터럭과 살갗은 모두 부모에게서 받은 것이니 함부로 손상하거나 훼손시키지 않는 것이 효의 시작이라는 뜻입니다. 공자孔子의 《효경孝經》에 나오는 이 말은 고리타분한 성현의 가르침이 아니라 자신의 뿌리를 다시 생각하게 하는 말입니다. 사람마다 제각각인 생김새와 신체 조건, 형제자매간에도 다른 성격은 자신의 노력으로 얻은 게 아닙니다.

여기에 부모의 직업, 학력, 재산 등 사회적 자산을 객관적으로 살펴보면 인간의 삶은 거의 '복권'에 가깝습니다. 서점과 도서관마다

우연이 아닌 선택이 미래를 바꾼다

넘쳐나는 행복에 이르는 비법, 성공을 위한 자기 계발서, 훌륭한 사람들의 위인전이 허망하게 느껴지기도 합니다. 우리가 노력해서 얻을 수 있는 건 무엇일까요? 과연 사람들은 정의롭고 평등한 세상에 살고 있을까요? 열심히 산다고 해서 얼마나 달라질까요? 태어나는 순간 인생의 절반은 결정되어 있는 게 아닌가요?

비극적 세계 인식의 출발은 바꿀 수 없는 존재 조건입니다. 이 땅에 태어나는 순간, '성별, 부모, 지역, 인종, 계층'이 결정됩니다. 심지어 지능과 종교까지 선택하지 못할 수도 있습니다. 모태 신앙은 헌법에 보장된 종교의 자유를 보장하지 않습니다. 이 모든 게 부모 탓이라고요? 그렇습니다. 인정하고 싶지 않지만 개인의 노력으로 바꿀 수 있는 자기 삶의 한계와 범위는 생각보다 그리 크지 않을 수도 있습니다. 무한한 자유와 선택의 가능성은 선언적 의미에 불과한 게 아닐까요?

채영과 연우는 학교에서 가장 중요한 민주주의의 가치는 '인간의 존엄성'이라고 배웠습니다. 하지만 모든 인간은 소중한 존재이며, 누구나 자유롭고 평등하게 살 권리가 있고, 편견과 차별로부터 보호받아야 한다는 말이 피부에 와닿지 않습니다. 가르치지 않아도 아이들은 어릴 때부터 다른 것을 쉽게 구별합니다. 성별, 사는 동네, 부모의 직업, 외모, 성적에 따라 끼리끼리 어울립니다. 오로지 인성과 취향에 따라 친구를 사귀는 건 아닙니다. 오히려 어른들보다 본능적으로 이기적인 욕심을 노골적으로 드러냅니다. 수업 시간에 배운 대로 모든 인간을 존중하고 배려하며 함께 살아가는 세상은 교과서에나 나오는 유토피아라고 생각합니다.

사춘기에 접어들면서 눈앞에 닥친 현실 때문에 아이들은 더 심각해집니다. 앞으로 겪게 될 입시와 취업을 생각하면 지옥이 따로 없습니다. '헬조선'이라는 말에 고개를 끄덕일 수밖에 없습니다. 영기와 경화는 아이들이 평생 돈 걱정 없이 살게 해줄 만큼 부자도 아니고, 조기 유학으로 입시 지옥에서 탈출시켜주지도 못했습니다. 큰 걱정 없이 지내며 긍정적으로 생각하고 행복하게 살아가길 원하지만, 아이들이 살아갈 세상이 그리 밝고 희망 차 보이지는 않습니다. 이 악물고 현실을 극복하거나 경쟁에서 살아남는 수밖에 다른 방법이 있을까 싶습니다. 저녁을 먹고 두 아이는 방에 들어갔지만 각자의 생각은 점점 복잡해집니다. 부모만 잘 만났어도!

프랑스 사회학자 피에르 부르디외Pierre Bourdieu의 '아비투스 habitus'라는 개념을 잠시 들여다봅시다. 우리가 사는 세상은 법, 제도, 종교, 사상, 교육, 미디어, 예술 등 상부구조와 노동, 상품 등 경제적 행위로 구성된 하부구조로 단단히 얽혀 있습니다. 세상 사람들은 각자 성향과 기질에 따라 생각하고 행동합니다. 이런 특정한 사회적 환경에 대한 습관적 사고, 인지, 판단, 신념, 행동 체계를 아비투스라 합니다. 상류사회 사람들은 그들의 문화와 관습 속에서 자식을 교육

하고 교양과 예술적 감수성을 일깨웁니다. 결국 아비투스는 개인의 취향, 기질뿐 아니라 세상을 보는 관점, 인간에 대한 태도까지 결정합니다.

한마디로 어떤 부모를 만났느냐에 따라 문화 자본이 달라지고, 이는 학교 교육과 성적에도 절대적인 영향을 미칩니다. 아비투스는 옷을 고르는 취향, 즐겨 먹는 음식, 좋아하는 음악에 영향을 주며 인생의 가치, 삶의 목표와도 직결되는 태생적 삶의 조건입니다. 물론 경제적 소득 수준과 문화 자본이 반드시 일치하는 건 아닙니다. 돈 많은 부자의 문화적 소양과 교양이 가난한 사람들의 그것보다 더 낫다고 볼 수는 없습니다. 하지만 대체로 자본과 고소득은 풍부한 문화 자본을 얻는 데 유리합니다. 세상에 돈으로 살 수 없는 것들이 많지만 돈으로 살 수 있는 게 더 많기 때문일까요?

문화 자본의 중요성은 특히 교육에 집중됩니다. 취학 전 아이들이 보고 듣고 배운 언어 습관의 정교함은 그렇지 못한 부모 밑에서 자란 아이들과 차별화됩니다. 추상적이고 논리적인 언어가 구조화된 아이와 단문 위주의 감정적·지시적 언어를 배운 아이는 이미 출발선이 다릅니다. 프랑스의 어느 사회학자는 이런 점 때문에 입시에서 국어 시험을 제외해야 한다고 주장합니다. 그나마 공정한 수학과 과학 위주로 시험을 치러야 한다고 목소리를 높입니다. 태어날 때부터 공정하지 못한 경쟁이 시작된다는 뜻이죠. 설득력이 있지 않은가요? 어떤 부모를 만나느냐에 따라 아이들의 인생이 어느 정도 결정되는 세상은 어쩔 수 없는 걸까요?

하지만 실망할 필요는 없습니다. 주변을 둘러보세요. 부모가 자녀의 어린 시절과 교육의 출발 시기에 영향을 미칠 수는 있으나 자녀 대신 인생을 살아줄 수는 없습니다. 학교 교육, 또래 친구, 매스미디어, 독서와 학습을 통해 앎의 범위와 사고의 폭은 비약적으로 발달합니다. 그에 따라 사람은 제각각 다른 인생을 삽니다. 게다가 인생의 성공과 좌절이 오로지 개인의 실력과 노력으로만 결정되는 건 아닙니다. 세계 최고인 캐나다 아이스하키 국가대표팀 선수들의 공통점은 대부분 1~2월생이라는 사실뿐입니다. 진정한 아웃라이어(보통 사람들의 범주를 뛰어넘은 특별한 사람)는 없습니다. 성공한 사람의 인생에는 때때로 피나는 노력과 눈물만큼 운이 중요한 작용을 할 때도 많습니다.

'기회는 공평하고 과정은 공정하며 결과는 정의로운 나라'는 우리가 꿈꾸는 세상입니다. 하지만 현실은 어떤가요? 이렇게 이상적이고 선언적인 구호보다 제도적 뒷받침과 사회 안전망이 필요합니다. 취업에 실패했을 때, 다니던 직장에서 해고됐을 때, 늙고 병들어 더 이상 일할 수 없을 때에도 인간다운 삶을 유지할 수 있는 세상이라면 '부모만 잘 만났어도!'라는 원망은 사라지지 않을까요? 상부구조의 모순과 하부구조의 잘못을 고치지 않으면 우리가 선택할 수 없는

우연이 아닌 선택이 미래를 바꾼다

부모, 즉 사회의 계층구조가 우리의 목을 조일지도 모릅니다. 피에르 부르디외가 내세운 아비투스 개념도 결국 사회 계급의 재생산에 대한 우려의 목소리가 아니었을까요? 당신이 실패하고 좌절한 이유가 게으름과 능력 부족만은 아닐 수도 있습니다. 부모를 잘못 만났기 때문도 아니고요. 그렇다고 세상만 원망한다면 답이 없습니다. 우선 스스로 기회를 만들고 공정하고 정의로운 제도에도 관심을 가져야 합니다.

부모는 물론이고 형제자매, 친인척도 숙명입니다. 그들을 바꿀 수는 없지만 우리가 선택할 수 있는 일이 있습니다. 그것은 바로 '관계 맺기'입니다. 지역마다 집집마다 부모와 자식의 관계, 형제자매와 친족의 관계는 서로 다릅니다. 이 관계를 어떻게 극복(?)하느냐에 따라 각자의 인생이 달라집니다. 가업을 잇지 않는 대기업 2, 3세 이야기는 드라마와 영화의 단골 소재입니다. 거꾸로 어린 시절 형제자매의 영향으로 책에 빠지고, 음악에 몰두하는 경우도 있습니다. 남동생을 대학에 보내기 위해 공장에 취업한 누나의 이야기와 아버지 대신 가장 역할을 한 큰형 이야기는 근대 소설의 주인공이 아니라 이 시대를 사는 아버지와 어머니, 할아버지와 할머니의 삶이었습니다. 전근대적 가치관으로 가족을 위한 희생은 당연한 일로 받아들였습니다.

"이를 깨물고 자식과 나 사이에 거리를 두자. 아직 이 연습을 하기 시작한 지 얼마 되지는 않았지만 결과는 좋을 것 같다. 이런 회심回心의 경험이 있는 사람은 내가 무슨 말을 하고 있는지 알 것이다"라고 고백한 사람은 다름 아닌 시인 김수영입니다. 시대를 막론하고 자식에 대한 부모의 기대와 욕심은 변하지 않습니다. 하지만 부모가 원하는 행복과 자식이 원하는 행복이 일치하는 경우는 많지 않습니다.

　시대가 달라졌고 사람들의 생각과 상황도 바뀌었습니다. 이제는 가족이라도 적당한 '거리 두기'의 기술이 필요합니다. 신체적 성숙 과정에서 정신적 독립이 이루어지지 못하면 부모와 자식은 종속적인 관계를 유지합니다. 성인이 된 이후에도 경제적으로 정신적으로 부모에게 기대는 관계는 바람직하지 않습니다. 주체적인 존재로 살아가기 위해서는 부모와의 적당한 거리와 독립적인 관계가 필요합니다. 그렇지 않으면 가족이라는 이름으로 서로의 인생에 끊임없이 개입할 수도 있습니다. 든든한 지지와 응원, 마음의 고향이 되는 관계가 아니라 부담스럽고 귀찮은 관계로 살기를 원하는 사람은 없을 겁니다. 부모는 선택할 수 없지만 자신의 삶에서 차지하는 비중과 역할은 스스로 조절할 수 있습니다. 부모와 자식이 서로 타자화할 때 오히려 선택의 폭이 넓어지고 스스로 행복을 찾는 삶이 가능하다고 믿습니다.

우리가 사는 시대에
대한 고민

가을 산에 올라 붉은 단풍을 바라본 사람은 겸손해집니다. 길가에
떨어진 노오란 은행잎을 집어든 사람의 마음도 다르지 않습니다.
시간의 흐름 앞에 모든 인간은 보잘것없는 존재입니다. 혹시 당신
은 계절이 지나가는 소리를 듣지 못하고, 나이 들어가는 자신을 보
지 못하는 사람이 아닌가요? 영기는 나이가 들면서 혼자라는 생각
이 자주 듭니다. 일이 잘 풀리지 않아 화가 나고 울적할 때는 있었지
만 외롭다는 생각을 해본 적은 없었는데 이상한 일입니다. 두 딸이
커가는 모습을 보면서 시간이 얼마나 빨리 흐르는지 눈에 보이는 것
같습니다. 바닥을 기다가 걸음마를 떼더니 순식간에 어른이 다 되

었습니다. 아이들이 큰 만큼 영기의 나이도 많아졌다는 뜻이겠지요. 어머니 명옥이 너무 일찍 할머니가 됐다며 어색해하시던 때가 지금 영기 나이였습니다.

아이를 키우고 집을 장만하고 차를 바꾸며 열심히 살았습니다. 생활인으로서 충실했던 영기가 가끔 지난날을 돌아보면 현재의 모습이 낯설기만 합니다. 1970년대 학창 시절의 추억, 1980년대 대학 시절의 기억은 더욱 아득하게 느껴집니다. 정치인으로 기업가로 고위 공무원으로 자리 잡은 동기나 선후배를 보면, 힘들고 고통스러웠지만 순수했던 학창 시절이 그립습니다. 불과 몇십 년이 지났을 뿐인데 세상은 놀랄 만큼 변했습니다. 사람들의 생각도, 일상생활도 달라졌습니다. 1950~1960년대에 청춘을 보낸 어머니의 옛이야기는 역사책을 듣는 것 같습니다.

시간이 흐르고 나면 우리는 과거를 정리합니다. 1970년대는 산업화, 1980년대는 민주화가 시대정신이었습니다. 시대정신은 대다수 사회 구성원에게 가장 중요했던 한 시절의 관심사이자 열망 혹은 꿈이 아니었을까요? 정부 정책의 목표이자 방향이며 미래 사회의 청사진일 수도 있습니다. 물론 전쟁과 혁명의 시대, 변화의 바람이 불 때마다 시대정신은 달라집니다. 한 사회의 분기점, 역사의 변곡점이 시대정신이라고 할 수도 있습니다. 철학자 헤겔Georg Wilhelm Friedrich Hegel은 한 시대를 관통하는 절대적인 정신을 '시대정신

우연이 아닌 선택이 미래를 바꾼다

zeitgeist'이라고 말했습니다. 이미 지나간 특정 시기를 한마디로 시대 정신이라 규정하는 건 과거를 매듭짓고 의미를 부여하는 행위입니다. 과거를 이해하는 일은 현재를 고민하고 미래를 예측하는 바탕이 될 테니까요. 먼 훗날, 사람들은 우리가 사는 이 시대에 어떤 이름을 붙일까요?

인공지능과 로봇의 시대가 도래했습니다. 4차 산업혁명의 높은 파도가 밀려옵니다. 네트워크로 단단히 얽힌 오늘은 무엇보다 지식과 정보가 완전히 개방되고 대중화된 시대입니다. 실시간으로 거의 모든 정보가 공유되며, 방대한 빅 데이터의 활용이 새로운 가치를 창출하는 시대죠. 정교한 통계와 다양한 설문 조사로 겉으로 드러나지 않는 세상의 비밀을 확인할 수 있고, 학습 기능을 갖춘 기계가 인간을 대체할 수도 있는 상황을 맞고 있습니다. 만일 우리가 조선 시대에 태어났다면 어떻게 살고 있을까요? 성별이나 부모를 선택할 수 없는 것처럼 우리는 특정 시대와 세대를 골라 태어날 수 없습니다.

영기가 지금 대학을 다녔다면, 어머니 세대에 태어났다면 전혀 다른 인생을 살고 있을지도 모릅니다. 역사도, 인생도 가정법은 무의미하지만 가끔 이런 공상은 현재 우리의 삶을 다른 관점으로 바라보게 합니다. 같은 시대를 살면서도 세대마다 삶의 목표와 가치가 다릅니다. 흔히 말하는 세대 차이가 나는 거죠. 사전적 의미의 세대 차는 보통 30년을 기준으로 하지만, 통상적으로 10년이면 강산도 변한다는 말을 자주 사용합니다. 10대와 20대는 생활이 다르고, 30대와 40대는 관점이 다릅니다. 50대인 영기는 베이비부머 세대입니다. 콩나물시루 같은 초등학교 교실에서 오전반, 오후반으로 나뉘어 수업을 받았습니다. IMF 이후 저출산 시대에 태어난 채영과 연우는 육아, 교육 환경이 영기 세대와 전혀 달랐습니다. 1988년 서울올림픽을 기억하는 영기와 2002년 한일월드컵 거리 응원도 기억하지 못하는 두 딸은 같은 시대를 살아가지만 전혀 다른 삶을 살고 있는지도 모릅니다.

세대 차이는 단순히 부모와 자식 세대만을 일컫는 말이 아닙니다. 인류의 역사를 보면 수많은 인간의 탄생과 죽음이 교차하면서 세대교체를 이루고 있습니다. 시간이 흐르면 자연스럽게 각 세대가 공유했던 유행가, 놀이 문화, 생활 패턴, 음식 등은 과거가 됩니다. 공유할 수 없는 기억, 공감할 수 없는 취향과 문화 때문에 세대 간에 갈등이 생깁니다. 젊은이를 무시하고 노인을 비하하는 태도가 여기에 해당합니다. 그러나 모든 아이는 언젠가 젊은이가 되고 노인이 됩니다. 인생의 순환 과정에서 자유로운 사람은 아무도 없습니다. 서로 배려하고 소통하려는 노력이 없으면 다른 세대와 함께 살아가기 어렵습니다.

우리는 시대와 세대를 선택해서 태어날 수 없습니다. 하지만 세대 차를 받아들이고 인정하며 차별하지 않는 태도는 선택할 수 있지 않을까요? 기원전 196년에 세운 것으로 추정되는 '로제타석Rosetta

우연이 아닌 선택이 미래를 바꾼다

Stone'에는 "요즘 젊은이들은 버릇이 없고 못됐다"라는 말이 적혀 있습니다. 2,000년 전에도 기성세대는 젊은이를 걱정했고, 젊은이는 기성세대의 '꼰대 짓'에 저항했을 겁니다. 이는 과거부터 지금까지 그리고 미래에도 계속될 세대 간 갈등의 단적인 사례입니다.

세대 차이가 발생하는 이유는 이렇습니다. 첫째, 각 세대별로 살아온 시대의 사회·문화적 경험이 다르기 때문입니다. 둘째, 인간의 발달 단계에 따른 특성의 차이 때문입니다. 셋째, 변화를 수용하는 태도 때문입니다. 한 집에 사는 가족, 같은 직장에 근무하는 동료, 동네 주민들까지 세대는 제각각입니다. 이들이 조화를 이루고 상대를 이해하기 위해서는 서로 다른 삶의 경험과 시대의 변화를 함께 받아들여야 합니다. 나만 옳다는 아집과 '답정녀(답은 정해져 있고, 너는 대답만 하면 돼)'의 자세가 "요즘 애들 큰일이다", "꼰대는 재수 없어"라는 말을 습관적으로 내뱉게 합니다.

요즘 애들이 자라 중년이 되고 노인이 됩니다. 노인도 사춘기 시절과 꽃 피는 청춘을 지나왔습니다. 키케로Marcus Tullius Cicero는 《노년에 관하여》에서 "자신 안에 훌륭하고 행복하게 살 수 있는 수단을 아무것도 갖지 못한 이들에게는 인생의 모든 시기가 힘겨운 법"이라고 충고합니다. 나이와 세대의 문제가 아니라 주체적인 인식의 힘과 판단력을 갖춘 사람은 다른 세대를 이해하고 수용할 줄 압니다. 시간의 흐름은 물과 같아 인간의 선택과 무관하게 흘러갑니다. 젊음도 늙음도 인생의 한 과정에 불과합니다. 모든 인간은 탄생-성장-소멸이라는 자연의 섭리에 따라 잠시 이 세상에 왔다가 사라집니다. 내가 살고 있는 시대를 파악하고 다른 세대를 이해하는 사람이 되는 일은 각자의 선택입니다.

시간의 흐름, 세대의 변화, 시대정신은 선택할 수 없는 삶의 조건입니다. '하필이면 내가 이 시대에 이런 모습으로 태어났을까'라고 생각해본 적이 있나요? 농담처럼 시대를 잘못 태어났다는 푸념을 늘어놓기도 하고, 누군가에게는 시대를 앞서간 사람이라는 말도 합니다. 거대한 운명의 소용돌이에서 '시간'은 머물지 않는, 손에 잡히지 않는 일시적·추상적 관념입니다. 인생은 타이밍이라는 말에 여러 사람이 공감하는 데는 그만한 이유가 있을 겁니다. 주어진 조건을 탓하기보다는 정확한 판단력을 기르고 상황에 맞는 대처 방법을 고민하는 편이 낫지 않을까요?

그 대표적인 방법 중 하나는 근현대사에 대한 이해입니다. 미래는 현재의 연장선이며 과거의 반영입니다. 대한민국뿐 아니라 아시아, 나아가 세계를 들여다보면 시대를 조망할 수 있습니다. 또한 가급적 다양한 사람들을 만나 대화하고 토론하면 시야가 넓어지고 새로운 관점을 얻을 수 있습니다. 동종 교배는 치명적 문제를 일으킵니다. 또래 집단 안에서 비슷한 부류의 사람들끼리 지내면 시야가 좁아지고 생각이 굳어집니다. 반면에 다양한 연령, 여러 계층의 사

우연이 아닌 선택이 미래를 바꾼다

람들과 교류하면 폭넓은 시야를 확보할 수 있고 유연하게 생각하는 힘을 기를 수 있습니다. 시대와 세대는 변하지 않는 삶의 조건이지만 그 안에서 사람들은 각자 다른 태도로 살아갑니다. 그 선택은 오롯이 각자의 몫입니다.

세상에는 선택할 수 있는 것과 선택할 수 없는 것으로 가득합니다. 하지만 누군가는 선택할 수 있는 일도 외면하며, 누군가는 선택할 수 없는 일 속에서도 자신의 관점과 태도를 돌아봅니다. 우리 인생에서 '선택'은 가능한 것과 불가능한 것으로 나눌 수 있는 게 아니라 어쩌면 스스로 움직이고 노력하는 일과 그렇지 않은 일의 차이일 수도 있습니다. 주어진 조건이 다르고 선택 불가능한 상황도 가만히 들여다보면 생각과 태도의 차이에 따라 각자의 삶에 미치는 영향이 달라질 수 있습니다.

남자와 여자, 부모와 자식, 10대와 70대는 반대편에 서 있는 사람들이 아닙니다. 서 있는 자리가 다를 뿐입니다. 어떤 사람들은 선택할 수 없는 삶의 조건 중에서 이익이 되거나 도움이 되는 것들만 내세우며 의기양양해합니다. 또 어떤 사람들은 어쩔 수 없이 받아들여야 하는 상황과 관계를 모든 불행의 원인으로 돌립니다. 하지만 어떤 사람들은 변하지 않는 삶의 조건을 수용하며 자기 삶의 태도와 방법을 가다듬죠. 그것은 개별적 상황에 따라 각자가 선택해야 하는 과제입니다. 무엇을 선택할 것인가! 선택은 여전히 잔인합니다.

대한민국의 주인으로
살아가기

명옥은 초등학교로 이름이 바뀌기 한참 전에 국민학교를 다녔습니다. 의무적으로 '국민교육헌장'을 암기했고, 애국조회를 할 때마다 왼쪽 가슴에 손을 올리고 국가에 대한 충성을 다짐했습니다. 군인 출신의 대통령 때문인지 학교의 체제와 운영 방식이 군대를 많이 닮았습니다. 규정된 교복을 입고 머리카락 길이와 신발 색깔까지 정해준 대로 따랐습니다. 교사들의 체벌은 일상이었고 학교가 정한 규칙은 반드시 지켜야 하는 명령이었습니다. 학생들의 의견이나 학부모의 생각은 중요하지 않았습니다. 학생보다 학교의 명예가, 사원보다 회사의 이익이, 국민보다 대통령이 중요하던 시절이었습니다. 아들

우연이 아닌 선택이 미래를 바꾼다

영기를 키우고 손주인 태균과 채영, 연우를 돌보면서 세상이 많이 달라진 걸 실감합니다.

세상을 살면서 한국인이라는 자각을 할 때는 언제일까요? 올림픽이나 월드컵 국가대표팀을 응원할 때, 해외여행을 갔을 때가 아닐까요? 대다수 한국인에게 대한민국은 세상의 전부입니다. 태어나 자라고 살다 죽는 공간이니 국가와 민족에 대해 깊이 고민할 필요도 없습니다. 유학, 해외 취업, 이민 등 특별한 경우가 아니라면 한반도를 생활의 터전이자 삶의 공간으로 받아들입니다. 해외 무역을 하거나 외국인과 함께 일하지 않으면 자연스레 한반도에서 한국인과 살아갈 수밖에 없습니다. 병역 기피를 위해 국적을 버린 연예인, 미국 시민권을 얻기 위해 원정 출산을 하는 사람들이 뉴스에 등장하지만 명옥과는 상관없는 낯선 이야기일 뿐입니다.

이 땅에 태어나 살아가는 모든 국민에게 대한민국은 선택할 수 없는 삶의 전제 조건입니다. 우리는 헌법에 규정된 국민의 6대 의무, 즉 국방, 납세, 교육, 근로, 공공복리에 적합한 재산권 행사, 환경 보전의 의무를 다하며 삽니다. 이는 자유권, 평등권, 참정권, 청구권, 사회권이라는 당연한 권리에 따른 대가입니다. 대한민국 국민은 초등학교 교과서에서 배운 대로 기본적인 권리를 누릴 수 있고 그에 따른 의무를 다해야 합니다. 대한민국이라는 공동체를 유지하기 위한 가장 기초적인 질서는 국민들이 합의해서 만든 헌법입니다. 그래서 헌법 제1조 1항에는 "대한민국은 민주공화국이다"라고, 2항에는 "대한민국의 주권은 국민에게 있고, 모든 권력은 국민으로부터 나온다"라고 명시되어 있습니다. 대한민국은 민주주의 국가이며, 국가의 주인은 국민이라는 뜻입니다.

대통령을 비롯한 공무원은 국민들이 낸 세금으로 고용된 사람들입니다. 국민이 '갑'이고 그들이 '을'입니다. '갑질'하는 대통령과 공무원은 진짜 '갑'인 국민이 민주적인 절차에 따라 얼마든지 교체할 수 있습니다. 하지만 현실은 헌법의 이상과 다르게 작동합니다. 경찰과 검찰, 공직자는 국민이 위임한 권력을 남용하고 국민 위에 군림하는 경우가 많습니다. 국민보다 자기들의 이익을 위해 법과 제도를 교묘하게 운영할 때도 있습니다. 대한민국의 주인은 바로 나 자신이라는 사실을 잊지 말고 당연한 권리를 주장해야 합니다. 그러기 위해서는 국민의 의무도 소홀히 하면 안 되겠죠. 국민은 국가를 선택할 수 없지만, 국민이 위임한 제도와 권력은 언제든 국민의 합의에 따라 다듬고 고칠 수 있습니다.

5년마다 대통령을, 4년마다 국회의원을 선택합니다. 누가 국민을 대신해서 대한민국을 살기 좋은 나라로 만들지 고민해야 합니다. 보수와 진보를 가리지 않고 선거철만 되면 국민의 '머슴'이 되겠다고 머리를 조아리지만, 선거가 끝나면 특권을 누리거나 제 잇속을 차리는 데 급급한 정치인이 많습니다. 모든 국민은 자기 수준

우연이 아닌 선택이 미래를 바꾼다

에 맞는 정부를 갖는다는 프랑스 정치가 알렉시 드 토크빌Alexis de Tocqueville의 말을 새겨둡시다.

우리는 흔히 선택할 수 없는 삶의 조건에 대해 자신을 합리화하거나 세상에 냉소를 날립니다. 하지만 주어진 삶의 조건을 가만히 들여다보면 생각보다 많은 선택권이 주어집니다. 힘없는 내가 뭘 할 수 있겠느냐는 생각이 얼마나 위험한 패배주의에 불과한지 확인하고 싶다면 대한민국의 역사를 돌아봅시다. 영웅을 기다리는 수동적 자세나 대통령이나 국회의원만 잘 뽑으면 행복한 세상이 될 거라는 생각의 오류는 바로잡아야 합니다. 적극적으로 참여하고 행동하지 않는 국민을 두려워할 정치인은 없습니다. 일상생활에서도 자신의 의견을 분명히 표현하고, 국가권력에 대한 비판과 감시의 눈길을 보내야 합니다. 내가 대한민국을 선택하지는 않았지만, 대한민국을 어떤 나라로 만들 것인지는 국민의 선택에 달려 있습니다.

칠순을 바라보는 명옥은 아들과 딸, 며느리와 사위, 손주들이 사는 세상이 자신이 살아온 세상보다 좀 더 나은 곳이길 바랍니다. 남과 북이 휴전 상태인 나라에서 살다 보니 섬처럼 고립된 느낌입니다. 자전거로 국경을 넘나들며 자유롭게 사는 나라들의 이야기가 부럽기만 합니다. 이념 대립과 갈등이 한반도를 언제나 긴장 상태로 만들었습니다. 그뿐만 아니라 자유 진영과 공산 진영을 대표하는 한반도의 지정학적 위치가 아쉬운 적도 많았습니다. 한국전쟁이 끝난

지 60년이 훌쩍 지났습니다. 동독과 서독이 통일된 지도 30년이 넘었습니다. 언젠가 우리도 기차를 타고 만주와 시베리아를 거쳐 유럽으로 여행하는 꿈을 현실로 만들 수 있을까요? 생각하는 국민, 행동하는 시민이 자기 삶의 조건을 바꿉니다. 선택할 수 없다고 믿었던 상황을 변화시키는 힘은 각자의 선택과 참여와 행동에서 나옵니다. 명옥에게 대한민국은 애증의 땅입니다. 이제는 후손들이 대한민국을 어떻게 만들어갈지 궁금하기도 합니다.

브라질산 애플망고, 스웨덴산 볼보 자동차, 케냐 AA 커피 등 우리 생활 곳곳에 스민 식료품과 공산품은 국경을 넘나듭니다. 해외여행이 자유로워졌고 인터넷의 발달로 시간과 공간의 한계도 사라졌습니다. 실시간으로 전 세계와 접속하는 네트워크 세상이지만, 모든 사람은 특정 국가의 국민으로 살아갑니다.

그러나 모든 사람에게 국적이 숙명처럼 주어진 삶의 조건은 아닙니다. 17~18세기에 형성된 근대 국민국가가 성립되기 위해서는 '영토, 국민, 주권'이 필수적인 요소입니다. 중세 봉건국가를 해체하고 민족 단위로 특정 지역의 영토에서 출발한 국가의 개념이 현재까지 이어집니다. 한 국가에 여러 민족이 혼재된 경우도 있으나 대한민국은 단일민족으로 보는 견해가 지배적입니다. 하지만 대한민국 땅에서 태어나 한국인으로 사는 게 모든 사람이 받아들여야 하는 선택 불가능한 운명은 아닙니다.

우연이 아닌 선택이 미래를 바꾼다

고향을 떠난 사람을 실향민이라고 하는데, 인류에게 고향은 정착 생활 이후에 생긴 개념입니다. 프랑스 작가 빅토르 위고Victor Hugo는 "고향을 감미롭게 생각하는 사람은 아직 허약한 미숙아다. 모든 곳을 고향이라고 느끼는 사람은 이미 상당한 힘을 갖춘 사람이다. 그러나 전 세계를 타향이라고 느끼는 사람이야말로 완벽한 인간이다"라고 말했습니다. 이를 뒷받침하는 개념이 미래학자 자크 아탈리Jacques Attali의 '호모 노마드(유목하는 인간)'입니다. 21세기의 신인류는 실시간 동시 접속으로 국가와 민족의 경계를 허뭅니다. 6,000년간 정착민으로 살아온 인류의 역사는 600만 년 동안 유목민으로 살아온 시절에 비하면 그리 길지 않습니다. 유목민은 불, 언어, 민주주의, 시장을 발명하여 인류의 삶에 일대 전환점을 만들었습니다. 국가는 노마드의 행렬을 멈추게 하는 쉼터에 불과한 게 아닐까요? 이제는 고향을 그리워하며 눈물 흘리는 대신 호모 노마드로 살아가며 경계를 허물어야 하는 게 아닐까요? 선택할 수 없는 것들 사이사이에는 또 다른 선택의 길이 놓여 있습니다. 생각과 관점만큼은 코즈모폴리턴(세계주의자)으로 사는 건 어떨까요?

니시카와 나가오西川長夫는 대담하게도 《국민을 그만두는 방법》에서 문명과 문화가 국가 이데올로기의 일부라고 비판합니다. '모든 문화는 국민 문화'라는 주장입니다. 전작 《국경을 넘는 방법》에서 한 발 더 나아간 셈입니다. 국가의 울타리 안에서 배우고 경험한 문명과 문화가 전부는 아닙니다. 외국의 문명과 문화를 통해 우물 안 개구리에서 벗어나야 합니다. 국가의 개념 안에 갇혀 국경 너머를 돌아보지 않는 사람은 자기가 사는 지역, 자기가 속한 집단 밖을 살피지 않습니다. 대한민국의 문명과 문화가 전부라는 생각을 버리고 코즈모폴리턴의 시선으로 자신을 바라보면 또 다른 선택의 기회가 주어집니다. 국가는 국민을 선택할 수 없지만 국민은 국가를 바꿀 수 있습니다. 그뿐만 아니라 국경을 넘는 선택의 여지도 남아 있습니다.

한국인의 정체성은 개인이 아닌 집단의 정체성을 의미합니다. 대한민국의 정체성은 곧 한국인의 정체성과 크게 다르지 않습니다. 각 지역과 국가는 고유한 문화와 전통을 이루며 삽니다. 우리는 눈앞에 있는 사물을 제대로 보지 못하는 인식 불능증에 걸리지 않도록 조심해야 합니다. 이는 현실을 자각하지 못하는 사람에게도 해당합니다. 대한민국에서 태어나 한국인으로 사는 우리에게 필요한 건 대한민국의 정치, 경제, 사회, 문화, 예술에 대한 깊은 이해와 국경 너머를 바라볼 수 있는 안목입니다. 내가 살고 싶은 나라를 선택해서 태어날 수는 없으나 대한민국의 미래는 바꿔나갈 수 있다는 데 희망이 있습니다.

우연이 아닌 선택이 미래를 바꾼다

인종보다 중요한
생각의 차이

혜진은 해외무역 분야에서 일합니다. 미국 국적인 백인, 흑인뿐 아니라 유럽, 아랍, 중남미 쪽 사람들과도 자주 만납니다. 인종은 국적과는 다른 개념입니다. 미국 시민권을 획득하면 미국인이 되지만, 그들의 출신 지역과 문화, 전통에 따라 사고방식과 생활 태도에는 차이가 많습니다. 혜진은 해외 출장 중에 일본인과 중국인을 만나면 외모와 피부색이 비슷해서 그런지 반갑게 느껴집니다.

　해외여행에서 만난 외국인과 업무로 부딪치는 외국인은 느낌이 다릅니다. 여행을 가서 만나는 외국인과는 가벼운 인사와 일상적 대화가 대부분이고 서로에게 관심과 호기심을 느끼기도 합니다. 하지만 회사 업무로 출장을 가서 외국인을 만나면 서로의 입장 차이를 확인하는 경우가 많습니다. 처음에는 그들의 사고방식, 업무 태도, 관계를 맺는 방법에 적응하느라 힘들었습니다. 깊이 토론하며 협의하고 조정해보니 서로 생각하는 방향이 다르고 판단하고 결정하는 방식에도 차이가 있다는 사실을 깨달았습니다. 피부색으로 사람을 차별하면 안 된다는 초보적인 인권 의식을 갖춘 혜진에게도 첫인상이나 외모 때문에 생기는 편견은 어쩔 수 없었지만, 이제는 인종에 따른 특성보다 국적과 환경에 따라 업무 스타일이 다르다는 걸 알게되었습니다.

어린 시절 단일민족이라는 자부심을 가져야 한다고 했던 선생님의 말씀이 가끔 떠오릅니다. 외국인을 만날 기회가 거의 없었기 때문에 그 말씀이 너무 당연해서 의심조차 하지 않았습니다. 같은 나라에서 여러 인종이 어울려 사는 미국은 우리와 전혀 다른 세상이라고만 생각했습니다. 민족은 국가의 개념과 다릅니다. 인류학자 베네딕트 앤더슨Benedict Anderson은 민족을 '상상의 공동체'일 뿐이라며 비판하지만, 민족은 인종과 혼용되며 선택할 수 없는 인간의 굴레로 여겨졌습니다. 태어나는 순간 결정되는 운명이 있듯 인종적 특성은 어쩔 수 없는 삶의 조건이자 숙명이라는 생각에서 벗어난 건 근대 이후의 일입니다.

과거에는 사람들을 종교적 공동체와 언어공동체로 양분했습니

우연이 아닌 선택이 미래를 바꾼다

다. 자본주의의 발달과 더불어 근대화 과정에서 차츰 '민족'이라는 개념이 등장했습니다. 이는 근대적 의미의 '국민국가' 성립과 그 궤를 같이했습니다. '민족'은 근대적 '국가'를 유지하기 위한 하나의 이념적 지표였으며 통치 수단의 하나였다고 볼 수 있습니다. 문화와 언어를 공유하는 사람들의 애국심과 인종주의는 '문화적 조형물'로 이루어진 역사적 공동체일 뿐입니다. 따라서 민족은 상상 속에나 존재하는 정치 공동체에 불과합니다. 게르만 민족의 우월성을 주장하며 600만 유대인을 학살했던 아돌프 히틀러Adolf Hitler의 만행은 상상의 공동체가 저지른 가장 끔찍한 범죄입니다. 역사에서 교훈을 얻지 못하면 과거의 실수를 반복할 수도 있습니다.

이에 비해 인종은 분명하게 다른 유전 형질의 차이를 의미합니다. 피부색, 눈동자, 모발, 골격 등 신체적으로 뚜렷한 차이가 납니다. 여기서 중요한 것은 각기 다른 유전적 요소로 '우열'을 가늠할 수는 없다는 점입니다. 한때 우생학이 기승을 부려 인종차별 문제를 객관적이고 합리적인 과학으로 증명하려던 시절도 있었지만, 관습과 편견이라는 사실이 밝혀지는 데 그리 오랜 시간이 걸리지 않았습니다.

현재 한국의 다문화 인구는 100만 명이 넘습니다. 이주 여성, 외국인 노동자가 계속 증가하는 추세입니다. 혜진이 초등학교 때 미술 시간에 사용했던 '살색' 크레파스가 '살구색'으로 바뀌었습니다. 피부색이 다른 사람들과 소통하고 협력할 일이 점점 많아집니다. 흑인과 백인은 어떻게 다르며 동양의 황인은 무엇이 다를까요? 있는 그대로 객관적 차이를 분명하게 이해하고 수용하는 태도가 21세기에 호모 노마드로 살아가기 위한 필수적인 준비가 아닐까요?

미국에서 태어난 이민 2, 3세대는 검은 머리 미국인으로 불립니다. 부모가 모두 한국인이지만 영어를 사용하고 미국인의 정서와 문화를 공유하며 사고방식과 행동 양식이 한국인과 다르기 때문입니다. 아프리카계 미국인뿐만 아니라 동양계, 아랍계, 라틴계 미국인도 어울려 사는 미국의 공식 명칭은 글자 그대로 '아메리카 합중국 United States of America'입니다. 태생부터 다양한 인종과 문화가 공존하는 나라입니다. 대한민국처럼 단일민족으로 이루어진 나라도 드뭅니다. 그러다 보니 익숙하지 않은 것에 거부감을 느끼고 우리와 다른 것을 잘 받아들이지 못합니다. 공감과 소통, 배려와 공존의 가치를 생각과 행동으로 옮기는 일은 쉽지 않습니다. 종교적 신앙 등에 따른 병역거부자, 성소수자, 장애인, 이슬람교도, 난민 등 사회적 소수자는 여전히 평등한 세상을 외칩니다. '차별금지법' 제정을 외치는 그들의 목소리는 여전합니다. 자신의 피부색, 외모, 장애, 성별 등은 선천적인 삶의 조건입니다. 각자 노력하며 열심히 산다고 해서 해결할 수 있는 문제가 아닙니다. 선택할 수 없는 것들은 체념해야 하는 게 올바른 삶의 지혜일까요?

우연이 아닌 선택이 미래를 바꾼다

인권운동가이자 정신분석학자였던 프란츠 파농Frantz Fanon은 서인도제도의 프랑스령 마르티니크에서 흑인 아버지와 프랑스인 어머니 사이에서 태어났습니다. 정체성의 혼란을 겪을 만한 환경입니다. 그는 프랑스 해군으로 근무하면서 심각한 인종차별을 체험한 후 프랑스 식민지 알제리의 독립운동에도 참여합니다. 그의 대표작 《검은 피부, 하얀 가면》은 탈식민주의와 인종주의 심리학의 출발점이 되었습니다. 하얀 피부를 가진 사람들에게 종속된 흑인이 정체성을 자각하고 끊임없이 문제의식을 갖는다는 내용입니다. 한국에 사는 이주민, 미국에 사는 한국인은 차별받아야 할 존재일까요? 문화, 예술, 학문 분야에 여전히 내재되어 있는 식민성의 극복이라는 측면에서 우리도 여전히 고민해야 할 문제입니다. 인류의 역사와 문화는 지역마다 다를 수밖에 없습니다. 동양에 대한 서양의 편견을 일컫는 '오리엔탈리즘Orientalism'이나 그 반대 개념인 '옥시덴탈리즘 Occidentalism'도 하나의 고정관점과 서로에 대한 인식의 오류가 아닐까요?

미국 일리노이 대학교 심리학과 에드 디너Ed Diener 교수는 "한국인은 사회 구성원과 자신을 끊임없이 비교해 남을 이기는 것이 행복해지는 길이라고 생각한다"라고 말합니다. '비교'와 '경쟁심'이 한국인을 불행하게 한다는 의미입니다. 대체로 우리나라 사람은 단일하고 보편적이고 절대적인 것을 지향합니다. 나 혹은 우리와 다른 것을 불편하게 느낍니다. '다른 것'이나 '차이'를 '차별'이나 '잘못'으로 생각하는 통념 때문에 혐오와 분노가 발생하기도 합니다. 한국인의 정체성 혹은 한국인 특유의 정서와 사고방식이 '옳다'고 믿으면 타자를 인정할 줄 모르는 자기중심적이고 편협한 사고에 빠질 수 있습니다. 한때 미제는 무조건 좋다고 믿었던 시절도 있었습니다. 지금도 미국으로 유학을 가려는 생각이나 유럽의 문화예술을 추종하는 분위기는 여전합니다. 이런 태도는 자문화 중심주의, 민족적 우월감과 다르지 않은 부작용을 낳습니다. 한국인의 정체성을 객관적으로 바라보고 다른 인종과 문화의 차이를 있는 그대로 받아들이는 자세가 필요합니다.

경상도와 전라도의 상호 비방, 외국인 노동자 차별, 이슬람에 대한 조롱, 예멘 난민 혐오, 미국의 경제 이론과 교육 이론 수용, 유럽 문화에 대한 환상 등은 우리가 흔히 겪는 일상입니다. 국가뿐 아니라 인종과 지역에 대한 차별과 혐오, 환상과 추종은 선택할 수 없는 삶의 조건에 대한 편견과 오류입니다. 겉으로 드러내지 않는 심리적 태도는 더욱 은밀하고 간접적인 형태로 나타납니다. 인종 문제는 단순히 차별과 인권 문제가 아니라 우리가 인간과 세상을 바라보는 관점과 태도의 문제입니다. 차이를 인정하고 다양성을 받아들일 수는 없을까요?

다양한 피부색을 가진 사람들과 일하다 보니 혜진은 인종에 따

우연이 아닌 선택이 미래를 바꾼다

라 다른 특징을 잘 안다고 말해왔습니다. 하지만 요즘은 몇몇 사람을 통해 전체를 규정하려는 '성급한 일반화의 오류'에 빠진 건 아닐까 하는 생각이 듭니다. 혜진이 만난 사람은 소수에 불과하기 때문입니다. 그들도 혜진을 통해 동양인 혹은 한민족 전체를 이해할 수는 없겠죠. 인종은 선택할 수 없는 조건이지만 타자를 대하는 태도, 자신의 생각과 관점에는 선택의 여지가 남아 있습니다. 선택할 수 없는 것들 사이에서 선택할 수밖에 없는 역설입니다.

종교의 자유가
있다는 오해

모태 신앙을 가진 경화가 일요일마다 교회에 가는 건 숨 쉬는 것처럼 자연스러운 일입니다. 채영과 연우도 자연스레 엄마를 따라 교회에 다녔습니다. 아직 미련이 남는 건 남편입니다. 영기는 첫눈에 경화에게 반했고 결혼에 골인했습니다. 하지만 일요일 아침마다 교회에 가기보다 골을 넣고 싶었습니다. 경화의 전도에도 불구하고 영기는 유일한 취미인 조기 축구를 포기하지 않았습니다. 일요일 아침, 운동장을 달리며 땀을 흘리고 나면 일주일의 스트레스가 날아갑니다. 지금도 아내 눈치를 보지만 비가 오나 눈이 오나 일요일 아침에는 공을 차러 갑니다.

명옥은 한 달에 한 번쯤 절을 찾습니다. 서울 변두리에 있는 산사에 가서 불공을 드리고 초를 켜는 정도지만 버스 정류장에서부터 천천히 산길을 따라 걷는 일이 즐겁습니다. 바람에 흔들리는 풍경 소리를 들으면 벌써 마음이 편안해집니다. 명옥에게는 스님의 설법보다오고 가는 길에서 생각하는 시간이 오히려 더 소중합니다. 부처님을마음에 두지 않아도 종교는 누구에게나 필요하다고 생각합니다.

선택할 수 없는 삶의 조건 중 마지막으로 '종교'를 살펴봅시다. 종교는 자유롭게 선택할 수 있지 않느냐고 반문할 수 있지만 대개의경우 쉽지 않은 일입니다. 경화의 하나님은 부처님이 될 수도 있었을까요, 명옥의 부처님은 하나님으로 바뀔 수 있을까요? 종교의 선택에 가장 큰 영향을 미치는 사람은 부모입니다. 친구, 연인의 권유를 받거나 자발적으로 종교를 찾는 경우보다는 환경적 요인이 훨씬크게 작용합니다. 더구나 국교가 있는 경우나 가족 전체가, 주변의모든 사람이 같은 종교를 믿는다면 이야기는 달라집니다.

잠시 시간 여행을 떠납니다. 때는 1632년 중세 유럽입니다. 갈릴레오 Galileo Galilei는 이미 과학자로서의 명성을 충분히 누린 원로입니다. 아쉬울 것 없는 말년에 그가 문제를 일으키고 싶었을 리 없습니다. 그러나 68세에 쓴 《두 우주 체계에 관한 대화》는 결국 갈릴레오를 법정에 세우고 맙니다. 돌다리도 두들겨보는 심정으로 친구인 교황 우르바노 8세의 허락까지 받고 집필한 책이었지만 내용이 교리에 어긋난다는 이유였습니다. 지동설을 주장하는 살비아티와 천동설을 주장하는 심플리치오가 나눈 대화의 결과는 이미 정해져 있습니다. 갈릴레오의 아바타인 살비아티는 과학적 근거를 제시하며 심플리치오의 주장을 조목조목 반박합니다. 누가 읽어도 코페르니쿠스 Nicolaus Copernicus의 편을 들고 있습니다. 하나님의 말씀과 교리가 세상을 지배하던 시절에 교회는 갈릴레오를 용서할 수 없었습니다. 과학자의 양심 대신 목숨을 부지한 갈릴레오는 가택 연금을 당합니다.

《종의 기원》은 어떤가요? 창조론에 반하는 다윈Charles Robert Darwin의 주장은 유럽 사회를 발칵 뒤집었습니다. 인류가 원숭이의 자손이라고 말하는 다윈을 조롱하는 풍자화가 그려질 정도였습니다. "태초에 하나님이 천지를 창조하시니라"(창세기 1장 1절)라는 성경에 근거해서 우주 만물을 하나님이 창조했다는 믿음을 과학이 깨뜨릴 수는 없었습니다. 이는 의심할 수 없는 절대 진리였기 때문에 지동설과 진화론은 하나님에 대한 반역이었습니다. 불교를 국교로 받아들였던 고려에서도 혹세무민하는 일이 많았습니다. 종교가 순기능을 상실하면 과학의 발전과 합리적인 사고를 가로막는 부작용이 나타납니다.

종교는 마음의 안식과 평화를 주고 고난을 이겨낼 수 있는 의지를 갖게 합니다. 일상생활에서 선택의 기준이 되어 마음의 갈등을 해결하는 데 도움을 주기도 합니다. 하지만 지난 역사를 돌아보면

우연이 아닌 선택이 미래를 바꾼다

종교적 도그마 때문에 참혹한 전쟁과 살육이 벌어지기도 했습니다. 종교의 순기능과 역기능은 여전히 공존하고 있습니다.

유럽에서 건너온 '똘레랑스tolérance'는 서로 상대방의 신념을 받아들일 수 없으나 인정하겠다는 태도로, 가톨릭과 개신교 사이에 끔찍한 살육전이 벌어진 후 생긴 개념입니다. 그들에게 종교는 선택의 여지가 없는 태생적 삶의 조건이었습니다. 삶의 목적과 가치, 일상생활의 규범 자체가 종교였으니 목숨을 걸고 전쟁을 벌일 수밖에 없었을 것입니다. 똘레랑스는 정치·사회적 논쟁거리뿐 아니라 일상의 갈등과 충돌 장면에서도 필요한 자세입니다. 상대방의 의견이나 생각을 틀렸다고 지적하는 대신 '다름'을 인정하는 관용의 태도가 똘레랑스입니다. 인간은 경험을 통해 배웁니다.

유럽 사회는 헬레니즘과 헤브라이즘이라는 두 개의 커다란 기둥이 떠받치고 있습니다. 그리스, 로마의 전통과 문화가 지중해 연안으로 전파되어 오리엔트 문화와 융합되며 형성된 헬레니즘과 그리스도교 사상에 뿌리를 둔 신본주의 사상인 헤브라이즘의 전통은 기독교와 유대교에 기반을 둔 정신적 전통입니다. 유교와 불교 문화가 지배했던 동양의 전통과 차이가 많습니다. 동양과 서양은 정신적·문화적 토대가 다릅니다. 여기에는 종교의 영향이 적지 않습니다. 종교는 단순히 믿음의 문제를 넘어 우리 삶에 직간접적으로 매우 중요한 영향을 미칩니다. 종교는 개별적 선택이 아니라 생활, 문화, 전통의 바탕을 이루는 근본적인 요소로 작용하기 때문입니다. 종교가 한 사회를 지탱하는 암묵적 질서와 규범의 역할을 한다는 측면에서 개인의 선택이 불가능한 영역입니다.

현대사회는 빠르게 변해갑니다. 과학기술과 문명의 발달 속도를 따라잡기 어려울 정도입니다. 하지만 인간의 생각은 과학처럼 빨리 변하지 않습니다. 믿음의 영역인 종교는 합리적 이성과 논리적 근거를 중시하는 과학으로 증명할 수 없는 세계입니다. 우리는 이 두 세계의 중간쯤 서 있습니다. 물질과 정신으로 구성된 인간은 어느 한 쪽에만 기대어 살 수 없습니다. 물론 정신의 영역을 모두 종교가 채워준다는 의미는 아닙니다. 종교인들은 결정론적 세계관을 신봉합니다. 신의 뜻에 따라 이 세상에서 맡겨진 소임대로 정해진 삶을 살아가는 사람들, 내세의 업보에 따라 이승의 삶을 속죄 의식으로 이해하는 사람들, 천국을 향한 열망을 가진 사람들, 열반에 도달하려는 사람들 모두 선택의 주체는 자기 자신이 아니라 신 혹은 절대자라고 생각합니다.

신의 존재를 믿지 않는 사람, 종교가 없는 사람은 틀린 걸까요? 종교인의 배타성은 종종 일상생활에서도 문제가 됩니다. 다른 종교를 인정하는 태도는 불가능할까요? 신을 믿는 사람과 믿지 않는 사람이 평화롭게 공존할 수는 없는 걸까요? 특정 종교가 한 사회의 문화와 전통을 지배하며 사상과 예술에 지대한 영향을 미쳤다는 측면

우연이 아닌 선택이 미래를 바꾼다

에서 종교를 선택 불가능의 요소로 분류했습니다. 그러나 종교가 있는 사람과 없는 사람이 상대를 어떻게 대할 것인지, 종교의 교리와 충돌되는 일상의 문제를 어떻게 바라볼 것인지, 종교인이 우리 사회에 어떤 역할을 해야 하는지는 선택의 문제가 아닐까요? 역사는 종교를 탄압했던 위정자들의 만행을 기록했습니다. 또한 종교를 팔아 개인의 이익을 챙기고 한 사회에 해악을 끼친 일들도 기억하고 있습니다. 모든 인간에게 종교는 피할 수 없는 운명이나 선택 불가능한 삶의 조건과는 조금 다른 영역입니다.

경화는 일요일 아침마다 채영과 연우를 깨워 교회에 가자고 재촉합니다. 습관처럼 교회에 가고 성경을 들여다보지만 목사님 말씀에 예전처럼 고개를 끄덕이지 않습니다. 아이들은 요즘 종교에 대해 여러 가지 의문을 갖고 있습니다. 모태 신앙으로 엄마처럼 하나님 말씀이 익숙하지만 사춘기에 접어들면서 세상은 하나님 말씀과 달리 모순으로 가득하다는 생각 때문입니다. 절에 다니는 명옥도 아이들과 크게 다르지 않습니다. 세상 사람들이 부처님 말씀대로만 살면 얼마나 좋을까요. 산속에 앉아 불공을 드리는 스님들의 말씀대로 세상을 살아가기 어렵습니다. 종교는 선택일까요, 필수일까요? 종교가 있든 없든 모든 인간은 선택을 망설이며 불안하게 흔들리는 나약한 존재입니다. 종교는 그 선택에 영향을 주는 요소 중 하나일 뿐입니다.

지금까지 우리는 선택할 수 없는 것들에 대해 살펴보았습니다.

성별, 부모, 시대, 국가, 인종, 종교 이외에도 한 인간이 세상을 살아가는 데는 필연보다 우연적인 요소에 기댈 때가 많습니다. 누군가는 이것을 '운명'이라 하며 누군가는 '숙명'이라 합니다. 자기 삶에서 선택할 수 있는 것들을 살펴보고 그 기준과 방법에 대한 고민도 필요하지만, 선택할 수 없는 것들에 대한 점검도 매우 중요합니다. 선택할 수 없다고 믿었던 것들 속에는 더 많은 선택의 요소가 숨어 있다는 걸 깨닫는 과정이 이 책의 목적입니다. 선택할 수 없는 것들에 대한 체념과 포기 대신 그에 대한 준비와 태도, 생각과 행동의 변화를 통해 각자의 삶이 조금 더 나은 방향으로 나아간다고 믿습니다.

4장.

선택 불가능한
것들을 위한 선택

인정하고
받아들여야 할 때

헐레벌떡 뛰어왔으나 버스를 놓쳐버린 태균은 다음 버스가 올 때까지 기다려야 합니다. 핸드폰 앱으로 다음 버스의 위치를 알아보고 면접 시간을 다시 확인합니다. 아직 여유가 있지만 마시던 커피를 셔츠에 흘리지만 않았어도 조급해하진 않았을 텐데 하는 생각에 짜증이 밀려옵니다. 옷을 갈아입고 매무새를 가다듬는 데 그리 오랜 시간이 걸리지는 않았습니다. 다만 늘 덤벙거리는 성격이 아쉬울 뿐.

면접이 끝나고 근처 회사에 다니는 외삼촌을 만나 점심을 먹었습니다. 영기는 벌써 대학을 졸업하는 태균이 대견합니다. 코흘리개 녀석이 정장을 입고 나타난 것 같아 우습기도 하지만 태균이 걸어야

우연이 아닌 선택이 미래를 바꾼다

할 길들이 막막해 보이기도 합니다. 언제까지 버틸 수 있을지, 창업을 준비해야 할지 여전히 고민 중인 영기는 태균에게도 평생직장의 개념이 사라졌다고 조언합니다. 취업을 준비하는 태균에게 외삼촌의 이야기는 먼 훗날의 이야기로 들립니다. 며칠 후 불합격 소식을 접한 순간, 태균은 이상하게도 마음이 조금 홀가분해졌습니다. '과거'는 선택할 수 없습니다. 지나간 일을 돌아보며 시행착오에서 교훈을 얻기도 하지만, 대개의 경우 후회에 불과합니다. 태균은 경험을 통해 과거를 후회하기보다 선택 가능한 '현재'에 집중하는 편이 더 낫다는 걸 깨닫는 중입니다.

어쩔 수 없는 일에 대처하는 태균의 방법은 깨끗한 체념과 포기입니다. 안 되는 건 안 되는 겁니다. 아니, 지나간 건 돌이킬 수 없습니다. 시간을 거스를 방법은 누구에게도 없지 않은가요?

체념과 포기

'체념'은 희망을 버리고 아주 단념한다는 의미입니다. 좌절, 절망과 유사합니다. '포기'는 하려던 일을 도중에 그만두는 행위입니다. 기권과 비슷한 말입니다. 나약한 인간은 운명 앞에서 번번이 체념하고 포기합니다. 김동리의 소설 《역마》에서 성기는 계연을 사랑하지만 그녀가 어머니 옥화의 이복동생이라는 사실이 밝혀집니다. 이모와 연인이 될 수는 없을 터! 소설 같은 일이 현실에서도 자주 벌어집니다. 거역할 수 없는 숙명 같은 게 돌부리처럼 툭툭 튀어나옵니다. 노력한다고 달라지는 게 있을까요? 아등바등 살아도 '오십 보 백 보'라는 생각이 떠나지 않는 날이 있습니다.

선택할 수 없는 것들, 이를테면 '성별, 부모, 시대, 국가, 인종, 종교' 앞에서 우리는 때때로 절망합니다. 태어나는 순간 바꿀 수 없는 삶의 조건이 너무 견고해 보입니다. 주어진 상황과 조건에서 최선을 다할 뿐입니다. 드라마틱한 인생 역전은 생각보다 드문 일입니다. 민주주의의 최고 가치는 자유와 평등이며 누구나 원하는 삶을 살 수 있고 노력한 만큼 그 대가를 누릴 수 있는 세상인데 지나치게 비관적인 생각이 아니냐고요? 출발선이 다른 사람들이 결승선을 향해 전력 질주하는 게임이 즐거울 리 없습니다. 누군가 스포츠카를 타고 바람을 가르며 시속 200km로 달려가는데 나는 맨발에 운동화, 수건 한 장뿐일 수도 있습니다.

종교에서는 이 같은 선택 불가능한 운명을 받아들이라고 충고합니다. 불교의 '비움'과 그리스도교의 '내려놓음'이 대표적입니다. 선택할 수 있는 능력과 의지가 있음에도 그만두는 행위가 체념과 포기라면, 비움과 내려놓음은 인간의 본능적인 욕망과 이기적 욕심을 버리라는 조언입니다. 하지만 평범한 사람들이 이런 조언을 얼마나 받아들여 자기 삶에서 실천할 수 있을까요?

운명처럼 주어진 삶의 조건과 환경은 어쩔 수 없습니다. 우리가

우연이 아닌 선택이 미래를 바꾼다

일상에서 고민하는 선택은 보통 이런 제약을 받는다는 점에서 한계가 있습니다. 예를 들어, 태균은 탕수육이나 초밥을 먹고 싶은데 김밥, 떡볶이, 어묵 중 하나를 고를 수밖에 없는 상황입니다. 이렇게 '제한된 선택'은 선택할 수 없는 상황과 크게 다르지 않습니다. 친구들과 여럿이 분식집에 가서 서로 김밥을 먹겠다고 다투는 상황을 상상해봅시다. 눈치 게임이 치열해지고 경쟁에서 이긴 사람이 흐뭇하게 김밥을 먹습니다. 물론 나머지는 떡볶이와 어묵입니다. 각자의 입맛에 맞는 음식을 언제든 골라 먹을 수 있는 상황은 생각보다 쉽게 주어지지 않습니다. 누군가 하나를 선택하면 나머지는 선택지가 줄어들고 때로는 선택의 여지가 없을 수도 있습니다. 넓은 의미에서 '선택할 수 없는 것'은 의지와 능력이 배제된 조건과 상황입니다.

체념과 포기는 개인적 선택이 아니라 결국 한 사회 안에서 개인이 부여받은 계층적 지위와 서로 다른 환경적 조건을 인정하는 데 그치는 경우가 많습니다. 가질 수 없는 것에 대한 뜨거운 욕망이 때때로 자기혐오로 이어집니다. '나는 안 돼! 내가 뭘 할 수 있겠어!'라는 말 속에는 주어진 삶의 조건이 초라하고 기댈 곳 없는 상황에 화가 난다는 의미가 포함된 게 아닐까요? 물리적 환경 조건이 실패와 좌절을 의미하지는 않습니다. 개인의 역량과 노력으로 거둔 결과는 크기와 상관없이 자존감을 높여주고 당당함을 선물합니다. 시행착오를 통해 실패와 좌절을 극복하고 다시 도전할 수 있는 힘을 길러야 합니다. 인맥, 백그라운드, 불로소득 같은 말이 각자의 삶을 부끄럽게 할 수도 있습니다. 자기 노력의 결과가 아닌 '조건'으로 살아가는 사람이야말로 인생의 소중한 부분을 체념하고 포기한 사람들이 아닐까요?

단풍이 물든 가을 산을 생각해보세요. 저마다 다른 모양과 빛깔로 물들어 조화를 이루고 있습니다. 단 하나의 목표를 향해 질주하는 세상에 사는 사람들은 불행하지 않을까요? 가을 산을 물들인 단풍처럼 각자 다른 삶의 목표와 가치가 어우러져야 아름다운 세상이 아닐까요? 사람은 저마다 관심, 소질, 능력에 차이가 있습니다. 그렇게 각자 다양한 빛깔로 자기 삶을 충실히 살아가는 것이 중요하다는 걸 깨닫는 데 오랜 시간이 걸릴 수도 있습니다. 그래서 다른 사람과 자신을 비교해서 체념하고 포기하는 대신 자기 삶의 주인으로 살아가려는 노력과 태도가 중요합니다.

체념과 포기 대신 비움과 내려놓음도 나쁘지 않을 겁니다. 종교가 없는 사람은 다양한 삶의 방법을 존중하는 태도가 필요하겠죠. 타인의 삶을 부러워하는 대신 자기 삶을 긍정하고 다른 사람과 조화롭게 살아갈 수 있었으면 좋겠습니다. 주체적인 생각과 행동이야말로 우리 인생에서 '선택할 수 없는 것'들을 대하는 바람직한 태도라고 생각합니다.

이해와 수용

외삼촌과 점심을 먹던 태균은 문득 면접관의 질문이 떠올랐습니다. "만약 당신이 급히 출장을 가야 할 일이 생겼는데 마침 오늘이 여자 친구 생일입니다. 어떻게 하시겠습니까?" 순간 머릿속이 복잡했습니다. 사랑이냐 일이냐 선택의 갈림길에 서 있는 기분이라기보다 어느 쪽을 선택해도 후회가 남을 것 같았기 때문입니다. 면접용 멘트가 아니라 실제 상황이라면 난감한 상황입니다. "여자 친구를 데리고 출장을 가겠습니다! 오가는 동안 갑작스러운 이벤트라고 여기고 업무에 지장을 주지 않는 선에서 충분히 낭만적인 여행을 즐길 수 있다고 생각합니다. 물론, 여자 친구의 동의를 구해야겠지만요." 대답을 하자마자 후회했습니다. 양손에 쥐고 있는 떡을 모두 놓지 않으려는 욕심꾸러기의 태도가 아닌가요! 아니면 우유부단한 결정 장애처럼 보일까요?

태균의 이야기를 듣고 영기는 학창 시절 수업 시간에 배웠던 황희 정승의 일화가 떠올랐습니다. 어느 날 두 하녀가 다투다가 누가 잘못했는지 따져보자며 정승에게 갔습니다. 한 하녀가 다른 하녀의 잘못을 낱낱이 이야기하자 황희 정승은 "네 말이 옳다"라고 두둔했습니다. 곧바로 다른 하녀가 상대의 잘못을 일러바치자 정승은 이번엔 "그래, 네 말이 옳다"라고 했습니다. 이 모습을 지켜보던 정승의 조카가 "아저씨, 왜 둘 다 옳다고 하고, 판결을 내려주지 않습니까?"

라고 따지자 정승은 "그래, 네 말도 맞다"라고 대답했다고 합니다. 자기 나름의 이유와 사정이 있으니 출장과 여자 친구 생일 어느 쪽을 선택해도 욕을 먹을 수도 칭찬을 들을 수도 있습니다. 영기는 태균에게 면접관은 어느 쪽을 선택하느냐보다 그 이유를 얼마나 설득력 있게 말하는지 보고 싶었을 거라고 말합니다. 황희 정승처럼 모두 옳다는 양시론兩是論도 둘 다 잘못이라는 양비론兩非論도 상대의 마음을 '이해'했다고 볼 수는 없습니다. 무조건 수용한다고 해서 문제가 없어지거나 갈등이 해결되는 건 아닙니다.

사람마다 의견이 다를 수 있습니다. 다양한 생각을 존중해주는 것도 나쁘지 않습니다. 세상에는 서로 다른 생각, 취향, 가치를 가진 사람들이 섞여 삽니다. 가족, 연인, 친구 같은 사적인 관계를 유지하는 데 필요한 관심과 애정이 있어야 '이해'가 가능합니다. 공적인 영역에서 이해는 가슴이 아닌 머리를 움직이는 일입니다. 이성적인 판단과 논리적인 근거로 설명되어야 '수용'이 가능합니다.

그런데 우리는 공사를 구별하지 못하고 감정에 호소하는 오류때문에 일을 그르치는 경우가 많습니다. 우리 사회는 대체로 인간적인 정에 의지하고 개인적인 친분과 관계를 중시합니다. 이런 전통과 문화는 자칫 합리적이지 못한 선택으로 이어지기 십상입니다. 그리고 그 결과는 개인뿐 아니라 사회 전체에도 좋지 않은 영향을 미칠 때가 많습니다.

우연이 아닌 선택이 미래를 바꾼다

보통 개인은 자신이 속한 조직의 규범과 문화를 수용해야 합니다. 하지만 때때로 집단 전체가 개인을 이해하는 아량도 필요합니다. 태균이 어떤 선택을 하든 개인의 문제이며 동시에 그 선택은 회사 전체에 영향을 미치기 때문에 개인적인 상황과 판단의 근거를 종합적으로 살펴봐야 합니다. 여자 친구의 생일도 중요하고 회사 업무도 중요하다는 양시론이 아니라 각각의 상황과 조건에 따라 태균의 결정은 다를 수 있습니다.

이해와 수용은 선택할 수 없는 것을 받아들이는 소극적이고 수동적인 태도가 아닙니다. 타인과 세상을 받아들이는 하나의 방법이며 또 다양한 관점을 가질 수 있는 좋은 선택입니다. 동전의 양면처럼 체념과 포기의 뒷면에는 이해와 수용이 새겨져 있습니다. 그 회사는 태균을 선택하지 않았지만 태균은 면접을 본 회사의 결정을 이해하고 수용해야 합니다. 그렇다고 해서 취업을 체념하거나 포기하는 건 아닙니다. 어쩔 수 없이 받아들일 수밖에 없는 일을 대하는 태도에 따라 이후의 생각과 태도가 달라집니다.

외삼촌과 점심을 먹는 동안 시간이 금방 흘렀습니다. 태균은 오랜만에 외삼촌을 만났지만 머릿속에는 선택할 수 없는 상황들을 고민하고 있습니다. 태균의 선택은 제한된 범위 안에서만 가능할까요? 아니면 울타리를 넘어 계속 도전해야 하는 걸까요?

인지 부조화를 통한 자기 합리화

어느 무더운 여름날 지치고 배고픈 여우가 포도밭을 발견합니다. 침을 흘리며 포도를 따 먹기 위해 안간힘을 쓰지만 결국 포도를 따는 데 실패합니다. 뒤돌아서며 여우가 던진 한마디, "저 포도송이는 아직 덜 익었어. 아무나 먹든가 말든가!"

선택의 순간만큼 선택할 수 없는 순간에도 인간은 다양한 반응을 보입니다. 그중 대표적인 사례가 '합리화'입니다. 보통 '신 포도 기제'라고 하는 심리적 요소는 자신이 가질 수 없는 것을 낮게 평가하는 태도를 말합니다. 반대로 '달콤한 레몬 기제'는 자기가 소유한 물건이 최고라고 생각하는 태도입니다. 일종의 소유 효과에 해당합니다. 합리화는 모든 사람에게 공통적으로, 본능적으로 나타나는 심리 법칙입니다.

이는 합리적인 태도가 아니지만 사람이 세상을 살아가는 데 필요할 때도 많습니다. 가질 수 없는 걸 가지려는 사람의 집요한 욕망은 공포에 가깝습니다. 열망을 넘어 집착이 되고 강박을 갖게 됩니다. 때로는 포기할 줄도 알고 내려놓고 비우는 방법도 익혀야 합니다. 수단과 방법을 가리지 않고 도전했지만 포도를 따 먹을 수 없는 여우는 좌절과 절망의 구렁텅이에 빠져야 할까요? 체념과 포기는 빠를수록 좋습니다. 최선을 다하고 후회와 미련을 남기지 않는 자세는 더 나은 미래를 위해 바람직한 태도입니다. 다르게 생각하면 체넘과 포기는 여우의 신체적인 약점과 포도를 딸 수 없는 조건을 이해하고 수용하는 과정입니다.

우리는 살다 보면 때때로 선택할 수 없는 상황과 마주합니다. 자신의 한계를 깨닫기도 하고, 주변 상황과 조건을 바꾸기 어려울 때도 많습니다. 물론 생각이나 행동의 오류를 바로잡아야 할 때도 있지만, 사람들은 대체로 자신의 생각을 바꿔버립니다. '인지 부조화'는 이런 식으로 신념과 행동이 일치하지 않거나 일관성이 없을 때 벌어지는 심리 현상입니다. 자신이 믿는 것과 보는 것이 일치하지 않을 때 생기는 불편한 마음을 제거하려는 태도를 말합니다. 일상생활에서, 업무 처리를 할 때, 쇼핑을 하면서, 진로를 결정하는 순간에도 인지 부조화가 발생합니다. 인지 부조화는 자신의 말과 행동을 합리화하려는 방법 중 하나입니다.

체념과 포기 그리고 이해와 수용은 백지 한 장 차이일 수도 있습니다. 긍정과 부정이라는 흑백논리가 아니라 선택할 수 없는 삶의 조건, 어쩔 수 없는 상황에 부딪쳤을 때는 잠시 생각할 시간이 필요합니다. 자신의 생각과 태도에 따라 이후의 생활이 달라집니다. 아무것도 선택할 수 없는 듯 보이지만 우리는 거의 모든 것을 선택하며 사는 게 아닐까요?

언제나 최선일 수는
없는 법

영기는 두 딸이 사춘기에 접어들면서부터 사는 재미가 반으로 줄었습니다. 식탁에서 던진 아재개그에 아이들은 냉소를 날릴 뿐입니다. 말없이 방문을 잠그기 시작했고 어느새 대화가 끊겼습니다. 공부를 강요한 적도 없고 일일이 간섭하지도 않았지만 아이들과의 거리는 안드로메다만큼 멀어집니다. 바쁘다는 핑계로 아이들과 함께하는 시간이 적기 때문일 테고, 말이 없고 무뚝뚝한 성격 탓이기도 하겠죠. 아이들은 언제부턴가 아빠가 불편합니다. 꽉 막힌 생각, 뻔한 이야기만 합니다. 서로 얼굴 볼 시간도 많지 않고 대화의 주제도 마땅치 않습니다. 자연스레 말수가 줄어들었고 각자의 고민만으로도 머

우연이 아닌 선택이 미래를 바꾼다

리가 아플 지경입니다.

경화는 두 딸의 성격이 너무 달라 고민입니다. 식성도 다르고 옷에 대한 취향도 제각각입니다. 자매지만 옷을 물려 입거나 공유한 적이 없습니다. 입맛이 다르니 음식을 할 때마다 망설입니다. 어느 쪽을 선택해도 한쪽은 불만입니다. 남편까지 입맛이 까탈스러워 누구 입맛에 맞춰야 할지 모르겠습니다. 각자의 취향과 입맛은 쉽게 바뀌지 않습니다. 설득한다고 달라질 문제가 아니라서 더욱 한숨이 나옵니다. 채영과 연우는 한참 예민할 때라 살얼음판을 걷는 것 같습니다. 말하지 않아도 성적 스트레스와 진로 문제로 복잡한 아이들입니다. 그래서 언제나 선택은 남편보다 아이들이 원하는 쪽에 맞춰집니다.

부부와 두 딸은 일상생활에서 선택의 폭이 넓지 않다고 생각합니다. 주어진 조건과 환경에서 살아야 하기 때문입니다. 관점과 태도에 따라 행복과 불행은 종이 한 장 차이입니다. 무시와 회피 전략은 수동적·부정적 태도이니, 대안을 고민하고 차선을 택하는 적극적인 행동이 행복에 한 걸음 다가설 수 있는 방법이 아닐까요?

무시와 회피

없을 무無, 볼 시視. 무시를 '안중에도 없다', '눈에 뵈는 게 없다'라고 해석하면 지나칠까요? 살다 보면 사물의 가치를 알아보지 못할 때도 있고 사람을 깔보거나 업신여길 때도 있습니다. 혐오 자극을 감소시키거나 제거하는 행동이 도피라면, 회피는 혐오 자극을 받지 않도록 하거나 그런 상황이 발생하지 않도록 하는 특정한 행동을 말합니다. 예를 들어, 목표를 달성하지 않은 사원의 연봉을 삭감한다는 회사 방침을 밝힌 후 목표를 달성하지 못한 사원의 연봉은 동결하고 목표를 달성한 사원의 연봉을 인상해주는 방법입니다. 부정적 결과를 회피시켜주고 긍정적 행동을 유도하는 행동 전략입니다. 무시와 회피는 의지와 능력이 필요한 반응입니다.

채영과 연우는 아빠를 '무시'하는 게 아니라 '회피'합니다. 즐겁고 재밌는 대화와 행동이 이어지지 않으니 마주치지 않으려고 노력합니다. 아이들의 싸늘한 태도 때문에 아빠와 멀어졌는지, 아빠의 엄격함 때문에 아이들의 태도가 싸늘해졌는지 알 수 없으나 점점 더 멀어지는 건 확실합니다. 사춘기가 지나면 조금 나아질까요? 영기는 어느새 아이들의 침묵과 거부에 익숙합니다. 거실, 부엌에서 마주쳐도 본체만체합니다. 아이들의 말과 행동을 무시할 때도 있었지만 이제는 애들이 불편할까 봐 피할 때가 많습니다. 영기와 두 딸의 '관계'는 무시와 회피밖에 다른 선택이 없는 걸까요?

선택할 수 없는 것들 중에서 성별과 부모는 시대, 국가, 인종, 종교에 비해 매우 일상적 조건입니다. 매일 여성임을 자각하게 만드는 타인의 말과 행동에 상처받을 수도 있고, 일상생활에서 부모의 결정

대로 따라야 하는 경우도 많습니다. 특히 중요한 선택을 할 때, 부모님의 뜻을 거역하기는 쉽지 않습니다. 사춘기 청소년이든 성인이든 부모와의 갈등은 일상다반사입니다. 영기와 두 딸은 때로는 못 본 척, 안 본 척하고 서로 피할 때가 많습니다. 양보와 타협이 없는 대화는 피곤합니다. 절충 없는 기 싸움에 지칠 때도 많습니다. '거리 두기'를 넘어 무시하거나 회피하기도 합니다. 가족이 그렇게 살 수는 없다고 다시 화해하고 이야기를 나누지만, 서로 다른 생각과 행동을 이해하고 조화를 이루는 건 생각보다 쉽지 않습니다. 어느 한쪽이 더 많이 인내하고 수용하지 않는 한 평화롭고 행복한 분위기를 기대하긴 어렵습니다.

모든 사람은 제각각 다른 개성을 가진 존재입니다. 한 가족이라도 취향과 입맛이 같을 수 없습니다. 하지만 가까운 사이일수록 '개취존중(개인취향존중)'에 인색합니다. '우리가 남이가?', '가족끼리 왜 그래?', '엄마 말 안 들어?', '어떻게 자식한테 이래?'라는 질문에는 단순한 서운함을 넘어 대한민국 특유의 끈끈한 가족 관계의 비밀이 숨어 있습니다. 가족끼리 독립된 인격체로서 사생활을 존중하고 각자의 영역을 인정하는 경우가 많지 않습니다. 육아, 교육, 연애, 결혼 이후에도 이어지는 관계가 지나치게 친밀하기 때문일까요? 때로는 가족 간에 무시하고 회피하는 대신 끝장토론을 하고 울고 웃으며 해결하는 편이 나을 수도 있습니다. 모든 개인은 각자 소중합니다. 관계 안에서, 관계 때문에 불행하다면 선 긋기의 기술을 발휘해야 합니다. 각자의 독립성과 주체성을 인정하지 않으면 이해하기보다 이해받기를 원합니다. 체념하거나 포기하고 무시하고 회피하는 대신 문제 해결을 위한 대안과 차선을 고민해야 하지 않을까요?

선택 불가능한 사회적 조건은 더욱 심각합니다. 국가, 인종, 종교에 대한 편견과 차별은 군이 언급할 필요도 없습니다. 인권의 문제가 아니라 선택 가능 여부를 생각해봅시다. 키가 작다는 비난은 정당한가요? 마찬가지 논리로 가난한 나라에서 태어났다는 이유로, 피부가 검기 때문에, 이슬람교도라서 무시하거나 회피하는 건 어떤가요? 우리가 선택할 수 없는 것들에 대해 갖는 '체념과 포기'라는 감정과 '무시와 회피'라는 행동은 정당성을 확보하기 어렵습니다. 자신이 태어날 시기를 선택할 수 있는 것도 아닌데 '노인에 대한 편견', '젊은이에 대한 오해'는 없을까요?

우리는 계속해서 '선택'을 고민하며 살아왔고 앞으로도 선택의 갈림길에 설 수밖에 없습니다. 때로는 선택의 한계에 절망하고, 때로는 선택 장애에 시달리며, 때로는 선택 불가능한 조건을 극복해야 합니다. 선택할 수 없는 상황에서 무시하고 회피하는 태도는 오히려 자신을 비참하게 합니다. 겸손하게 받아들이고 대안을 준비하는 편이 낫습니다. 지레 짐작하고 포기하고 좌절하는 대신 마지막 순간까지 최선을 다하는 태도가 때로는 기적 같은 변화를 만들어냅니다.

우연이 아닌 선택이 미래를 바꾼다

대안과 차선

비난과 비판은 다르지만 우리에게는 두 단어 모두 부정적인 인식이 강합니다. 남의 잘못이나 결점을 책잡아서 나쁘게 말하는 비난과 달리 비판은 현상이나 사물의 옳고 그름을 밝히거나 잘못된 점을 찾는 철학적 사고 행위입니다. "사물을 분석하고 전체와 부분의 관계를 분명히 하며 존재의 논리적 기초를 밝히는 일"이라는 다소 딱딱한 사전적 정의를 찬찬히 살펴봐도 비판에 부정적 의미는 없습니다. 사물과 사건, 사회 현상과 역사 기록을 비판적으로 바라보는 사고 훈련은 세상을 살아가는 데 반드시 필요합니다. 현상 뒤에 숨은 본질을 파악하고 문제의 근본 원인을 파악하려는 태도가 비판적 사고입니다. 이는 근거 없는 타인에 대한 비방, 인격을 모욕하는 비난, 실수와 결점에 대한 지적과 다릅니다.

사람들은 대부분 비판적 태도에 거부감을 느낍니다. 포유류의 뇌라고 불리는 변연계가 인간의 감정을 만듭니다. 추상적 언어능력을 관장하는 신피질은 호모 사피엔스의 뇌입니다. 오랜 진화 과정을 살펴보더라도 이성적 판단, 논리적인 사고는 인류에게 익숙하지 않은 방식이죠. 토론을 예로 들어봅시다. 서로 주장이 엇갈리고 의견이 다를 때 우리는 토론을 합니다. 이때 주의해야 할 점은 감정에 호소하는 오류입니다. 상대방의 의견을 경청하고 자신의 의견을 논리적으로 제시하는 토론식 교육을 받은 적이 없고, 합리적 근거를 제시하며 상대방을 설득하는 방식에 익숙하지 않은 사람은 비판적 관점을 삐딱하고 부정적인 태도라고 오해합니다. 문제를 제기하거나 비판적 관점을 가진 사람에게 우리는 흔히 "대안을 제시하라!"고 요구합니다. 하지만 어떤 일을 비판하고 반대 의견을 낼 때 꼭 대안을 제시해야 하는 건 아닙니다. 먼저 문제점을 공유한 후에 함께 중지를 모아 대안을 마련해도 늦지 않습니다.

영기는 회사에서 진행하는 프로젝트를 위해 한 달 내내 고생했습니다. 촉박한 일정이었지만 팀원들과 힘을 모아 열심히 준비했습니다. 사장과 임원들에게 프레젠테이션을 하는 날 아침, 신입 사원의 안색이 좋지 않습니다. 기획안을 여러 차례 검토했고 전체 과정을 꼼꼼하게 체크했던 영기가 그 이유를 묻습니다. 신입 사원은 중간중간 선배에게 몇 가지 문제점에 대해 이야기했다고 합니다. 시간적 여유가 있었지만 경험이 부족하고 나이가 어린 신입 사원의 말은 심각하게 받아들여지지 않았습니다. 영기도 신입 사원과 대화를 나눴지만 업무 진행 과정, 거래처와의 관계를 살폈을 때 팀장인 자기가 보기에도 큰 문제가 아니었습니다. 그러나 사장과 임원들은 관행적인 업무 스타일에 제동을 걸었습니다. 프로젝트가 진행될 경우 벌어질 수 있는 최악의 시나리오에 대한 질문이 이어졌고 미처 챙기지 못한 요인들에 대한 분석이 계속됐습니다. 영기가 식은땀을 흘리며 서류를 뒤적이는 동안 맨 뒤에 앉은 신입 사원은 조금 더 적극적으로 문제를 제기하지 못한 자신이 원망스러웠습니다.

최선이 아닐 때 차선을 택하는 건 회피가 아닙니다. 문제가 생겨 선택의 순간이 오면 우리는 대체로 관성적 사고와 소유 효과에 집착합니다. 합리적이고 논리적인 비판에 감정이 개입하고 무의식적 자기 정당화가 시작되면 대책이 없습니다. 전문가로서 확증 편향(선입관을 뒷받침하는 근거만 수용하고, 자신에게 유리한 정보만 선택적으로 수집하는 경향)에 빠지기 쉽고 객관적 통계조차 주관적으로 해석하기 쉽습니다. 영국 수상이었던 벤저민 디즈레일리Benjamin Disraeli는 "이 세상에는 세 가지 거짓말이 있다: 거짓말, 새빨간 거짓말 그리고 통계"라고 말했습니다. 선택할 수 없는 상황, 즉 대안을 찾거나 차선을 선택해야 하는 상황에서 우리는 종종 선택 상황이라는 착각에 빠집니다.

이성의 힘은 인간의 물질문명을 비약적으로 발전시켰습니다. 비합리적이고 감정적인 인간의 한계는 언제나 실수를 유발하고 문제점을 놓치기 쉽습니다. 비판을 수용하는 자세, 합리적으로 사고하는 과정은 일상적 대화부터 정치인들의 정책 대결, 미래 사회를 위한 고민까지 어디에나 영향을 미칩니다. 문제가 발생했을 때, 선택 불가능한 상황일 때 잘될 거라는 막연한 긍정과 기대는 희망고문에 불과합니다. 작은 문제를 못 본 체하고 곤란한 일을 회피하면 문제가 더욱 심각해집니다. 미리 대안을 마련하고 차선책을 준비하는 태도가 더 큰 위험으로부터 우리 자신을 보호합니다.

문제와 곤경

경화는 두 딸의 신경전과 감정싸움의 심판자 역할을 할 때가 많습니다. 언니 채영과 동생 연우는 남의 집 아이들처럼 티격태격하며 건강하게 잘 자랐습니다. 크게 보면 대수롭지 않은 일들이지만 경화는 사소한 일로 다툴 때마다 해결사 역할을 맡을 수밖에 없습니다. 남편 영기와 부부싸움을 할 때도 마찬가지입니다. 평소에도 말없는 남편과 살자니 틀어지고 나면 자연스럽게 말을 건네고 풀어나가는 건 경화의 몫입니다. 언제까지 이래야 하나 싶어 스트레스가 이만저만이 아닙니다. 문제를 해결할 방법은 없을까요?

리더십 전문가 존 맥스웰John Maxwell은 《태도》에서 철학자 에이브러햄 캐플런Abraham Kaplan의 말을 인용합니다. 무언가 할 수 있다면 '문제problem'지만 아무것도 할 수 없으면 '곤경predicament'입니다. 곤경은 해결할 수가 없습니다. 다만 천천히 다루고 인내해야 할 무엇입니다. 선택의 여지가 있다면 문제, 선택 불가능한 상황이라면 곤경이라는 의미입니다. 부부간의 갈등이나 형제자매간의 다툼은 사소한 감정싸움일 때가 많습니다. 관계는 상대적이어서 한쪽의 변화만으로 문제가 해결되지 않지만 선택의 여지가 없는 건 아닙니다. 각자의 의지와 노력에 따라 달라질 수 있습니다. 사람마다 타고난 기질은 좀체 고치기 어렵고, 노력하면 성격도 변한다고 하지만 쉽게 바뀌지 않는 부분도 있습니다. 그러나 '문제'가 있는데도 해결하

우연이 아닌 선택이 미래를 바꾼다

지 않고 무시하고 회피하면 더 큰 갈등이 생깁니다. 참고 견뎌야 하는 '곤경'에 빠진 일은 어쩔 수 없지만, 노력해서 바꿀 수 있는 '문제'는 대안과 차선을 마련해야 합니다. 가족 간의 관계뿐 아니라 공적인 영역에서는 말할 필요도 없습니다.

선택할 수 없는 것을 대하는 방법은 '대안과 차선'을 마련하고 '문제와 곤경'을 분리하는 일입니다. 모든 일은 상황에 따라 다르게 접근하고 그에 맞는 해결 방법을 선택해야 합니다. 가족 관계, 회사 업무, 사회 질서, 경제 정책까지도 크게 다르지 않습니다. 이성적인 판단과 합리적인 대안을 함께 고민하는 과정에서 조금 더 나은 미래가 만들어집니다.

참고 견디는
시간의 중요성

명옥은 최근 아파트 단지 입주민 회의에서 벌어진 일 때문에 며칠 동안 잠도 제대로 못 잤습니다. 안건은 두 가지였습니다. 관리업체 교체와 단지 내 보행로 개방 문제입니다. 요즘처럼 입주민들이 똘똘 뭉치는 걸 본 적이 없습니다. 관리소장이 자신들이 원하는 대로 움직이지 않는다는 몇몇 주민들의 불만과 항의가 이어졌고, 결국 관리업체 교체를 주장하는 사람들의 요청으로 임시 입주민 회의까지 벌어졌습니다. 발단은 인근 초등학교 통행 문제입니다. 새로 입주한 옆 단지 아이들이 등하굣길에 명옥이 사는 아파트 단지를 지나가고 주민들도 버스 정류장에 가려고 사잇길을 이용합니다. 정문으로 나

우연이 아닌 선택이 미래를 바꾼다

가 도로를 따라 돌아가는 길보다 빠르고 편리하기 때문입니다. 등하교뿐 아니라 대중교통 시설을 이용하는 옆 단지 주민들과 갈등이 생기기 시작했습니다.

사유지 통행을 막는 건 지극히 정당한 재산권 행사라는 주민들의 목소리가 큽니다. 하지만 옆 단지는 명옥의 아파트와 건설사가 같고, 설계할 때부터 초등학교까지 이어지는 통행로를 염두에 뒀습니다. 구청에서도 두 단지의 이해와 양보를 구했지만 주민들은 요지부동입니다. 법적인 소송으로 문제를 해결해야 할지, 철문을 설치하고 감시·감독을 강화해서 재산권을 지켜야 할지 의견이 분분합니다. 누가 자기 집 앞마당을 마음대로 지나게 하느냐는 강경한 목소리에 대부분의 주민들이 동의하고 있습니다. 손주들이 어렸을 때가 생각난 명옥은 너무 이기적으로 생각하지 말고 등하교, 출퇴근을 하는 아침과 저녁 몇 시간을 정해서 개방하자는 의견을 내놓았고 이에 찬성하는 주민들도 있습니다. 서로 다른 생각을 주고받던 회의장에 어느새 고성이 오가기 시작했습니다.

주민들이 선택할 수 있는 일과 선택할 수 없는 법적 조항이 있습니다. 이기심과 불편함을 이유로 그들이 내세울 수 있는 권리는 어디까지일까요? 과연 배려와 소통은 선택이 가능한 개인적 삶의 태도일까요?

비난과 조롱

오래전 어느 정치인이 공개편지에서 지금은 정치를 떠난 유시민 작가에게 "저렇게 옳은 소리를 저토록 싸가지 없이 말하는 재주는 어디서 배웠을까?"라고 썼습니다. 정치는 언어의 힘을 가장 극명하게 보여줍니다. 같은 말을 어떻게 하느냐에 따라 대중은 다르게 반응하기 때문입니다. 내용보다 형식을 따지는 우리의 전통 때문일 수도 있고, 이성적이고 합리적인 사고보다 즉흥적이고 감정적인 행동이 먼저인 인간의 속성 때문일 수도 있습니다. TV 토론 프로그램에서도 우리는 이런 사례를 어렵지 않게 마주합니다. 고대 로마 철학자 세네카Lucius Annaeus Seneca는 "토론에 자신이 없으면 인신을 공격하라"라는 명언을 남겼습니다. 비난과 조롱은 자신과 생각이 다른 사람과 토론할 때 활용하면 효과적인 공격 무기가 될 수도 있습니다. 그러나 일반적으로 근거가 부족하고 합리적 설명이 어려울 때 휘두르는 도구입니다. 물론 감정이 앞서 내용을 살피지 않고 트집잡는 상대에게 던지는 메시지 역할도 합니다.

일상생활에서 대화를 할 때, 공식적인 회의를 할 때, 청중을 대상으로 연설을 할 때 사용하는 말은 각각 다른 의미로 전달됩니다. 언어는 정보를 전달하고, 자신의 생각과 감정을 표현하고, 친교 관계를 확인하며, 명령 기능을 수행하고, 때로는 미적 기능을 담당합니다. 이때 언어는 말과 글을 모두 아우릅니다. 사적인 관계에서 언어

우연이 아닌 선택이 미래를 바꾼다

는 주로 친교적·정서적 기능을 수행하지만, 공적인 관계에서는 표현적·정보적·명령적 기능을 수행합니다. 주변에서 다툼이 벌어지는 이유는 관계에 따른 언어의 기능을 적절하게 활용하지 못하거나 관계를 혼동하기 때문입니다. 앞서 예로 든 정치인의 말은 표현적·정보적 기능은 물론 정서적 기능을 동시에 수반합니다. 하지만 대중은 정치인의 말을 우선 정서적으로 받아들이기 때문에 문제가 생깁니다. 사회적 관계, 공적인 영역의 내용일지라도 대중은 말의 내용보다 형식을 문제 삼는 경우가 많습니다. 발언의 사실 여부를 먼저 확인하고 타당한 내용인지 점검하는 태도가 바람직하지 않을까요. 공적인 관계에서 오가는 말과 글은 감정을 내세우는 것보다 논리적 근거를 따져보고 이성적으로 판단하는 것이 좋습니다.

명옥이 입주민 회의에서 감정이 상해 잠도 오지 않았던 이유는 옆 단지 주민들이 등하교, 출퇴근 시간에 안전하고 편안한 길을 이용함으로써 주민들에게 생기는 불이익이나 불편은 무엇이냐는 질문에 대한 몇몇 주민의 격앙된 발언 때문이었습니다. 구청에서 허가를 내줄 때 두 단지의 통행로가 연계되도록 유도한 것은 사유재산을 침해한 것이 아니라 공익을 위한 목적으로 내린 결정이었습니다. 이를 거부했다면 건축물 설계와 허가 과정에서 대안을 찾거나 차선을 제시했을지도 모릅니다. 사유지에 외부인이 들어오지 못하게 하는 당연한 권리를 지켜야 한다는 주장도 일리가 있고 통행로로 인해 사소한 불편이 발생하는 것도 사실이기 때문에, 무조건 그들의 목소리가 틀렸다고 할 수는 없습니다. 이 상황에서 명옥은 주민들이 주민투표나 실력을 행사하기 전에 어떤 선택이 가능한지, 대안은 없는지 따져보는 게 순서라는 의견을 제시했을 뿐입니다.

선택할 수 없는 조건과 상황을 대하는 사람들의 태도는 다양합니다. 감정적 비난으로 화풀이를 하고 상대를 조롱하는 말은 소모적인 싸움을 유발합니다. 체념하고 포기하는 태도도 바람직하지 않지만, 비난과 조롱은 더욱 큰 문제를 일으킬 수도 있습니다. 선택 불가능한 상황에서 우리에게 주어지는 선택지는 많지 않습니다. 그러나 아무것도 할 수 없는 건 아닙니다.

인내와 준비

연우는 오랜만에 할머니 댁에 들렀습니다. 명옥이 연우에게 하소연을 하며 젊은 사람들이 왜 그리 이기적인지 모르겠다며 혀를 찼습니다. 연우는 "순수하고 사욕이 없는 이타주의라는 것은 자연계에는 안주할 여지가 없고 세계의 전 역사를 통해 과거에 존재한 예도 없다"라는 진화생물학자 리처드 도킨스Richard Dawkins 의 말을 떠올렸습니다. 인간은 교육을 통해 육성되고 문화와 전통을 내면화하면서 사회화 과정을 거치기 마련입니다. 학교에서 소통과 배려의 가치를 배웠지만 현실은 교과서와 너무 다릅니다. 이상적인 국가와 사회의

우연이 아닌 선택이 미래를 바꾼다

모습을 현실에서 기대하기 어려운 건 사람마다 욕망을 실현하는 방법과 각자의 윤리적 잣대가 다르기 때문이겠죠. 자기 욕심을 채우기 위해 강한 놈이 약한 놈을 마음대로 약탈하고 괴롭히고 죽이던 야만의 시대를 지나 인류는 '민주주의'라는 제도를 정착시켰습니다. 그러나 모든 사람이 자유롭고 평등하다는 생각에 모두가 동의하는 건 아닙니다. 국민을 개돼지라고 표현했던 한 고위 공무원이 대표적인 사례죠.

이렇게 서로 다른 생각을 가진 사람이 모여 살면서 충돌하지 않기 위해 만든 질서가 '법'입니다. 물론 법과 정의도 가진 자의 편이며 권력과 자본에 기생한다고 주장하는 사람도 있습니다. 하지만 최소한 모든 사람이 지켜야 하는 합의된 규칙이라는 점에는 대다수 사람이 동의합니다. 국가는 헌법과 법률에 따라 통치되어야 하며, 회사에는 사규, 동호회에는 회칙이 있습니다. 명옥이 사는 아파트도 마찬가지입니다. 감정싸움을 하거나 목소리 크기를 자랑하지 말고 가장 먼저 해야 할 것은 아파트 신축 전에 구청과 합의한 내용, 각종 법규와 규정의 준수 여부를 살피는 일입니다. 두 번째 단계는 합의와 조정입니다. 사람 사는 일이 모두 법으로 재단될 수는 없습니다. '법은 도덕의 최소한'일 뿐입니다. 인간이 만든 법은 완전하지 않습니다. 시대가 변하고 상황이 바뀌면 법도 고치고 다듬어야 합니다. 그렇다면 명옥이 사는 아파트 입주민 회의는 법규를 점검한 후 주민들의 다양한 의견을 어떻게 조정하고 합의할 수 있을까요?

오늘 점심을 이탈리아에 가서 파스타를 먹을지, 일본에 가서 라멘을 먹을지 싸우는 사람들은 주어진 점심시간이 한 시간이라는 사실을 모르는 걸까요? 물론 기존의 규정과 질서가 잘못됐다면 저항하고 개선해야 합니다. '시민의 불복종'도 필요하죠. 법이 곧 정의는 아니기 때문입니다. 그러나 대체로 다수가 합의한 질서, 절차적 정당성을 가진 규정을 지키는 게 민주 시민의 권리이자 의무입니다. 선택이 불가능한 상황에서 집단 이기주의를 내세우거나 공동체의 행복과 상식에 반하는 생각과 행동을 선택이라고 착각할 수는 없는 노릇입니다.

개인의 이익이 상충될 때는 합법적인 방법으로 서로 협의하고 조정할 수 있습니다. 하지만 공동체 안에서는 개인의 선택이 타인의 권리와 이익을 침해한다면 제한될 수 있습니다. 우리가 선택할 수 있다고 생각하는 상황이 선택 불가능한 질서 안에 놓여 있다는 사실을 모르는 경우도 있습니다. 부모와 자식, 남자와 여자, 한국인과 미국인, 백인과 흑인, 기독교인과 이슬람인은 선택할 수 없는 '운명'을 가지고 태어났으나 각자의 이기적 욕망을 위해 타인을 비난하거나 조롱할 수 없습니다. 때로는 인내하고 또 때로는 타협하며 함께 사는 세상을 위해 준비할 시간이 필요합니다. 명옥이 사는 아파트 주민들은 사유재산권을 침해받지 않을 권리가 있습니다. 그러나 옆 단

우연이 아닌 선택이 미래를 바꾼다

지 아이들이 학교를 다니고 이웃들이 대중교통을 쉽게 이용할 수 있도록 미리 계획되고 조정된 단지 내 통행로를 가로막을 권리는 없습니다.

사람들은 이웃을 사랑하고 타인을 배려하라는 지극히 상식적인 가치를 부정하지 않습니다. 하지만 개인의 이익과 충돌할 때는 상대가 '틀렸다'고 말하는 경우가 있습니다. 합리적이고 이성적인 토론과 협의가 이루어지는 과정에서 상대를 비난하고 조롱한다면 다 같이 불행한 세상에 살게 됩니다. 나뿐만 아니라 우리를 위한 선택은 지루한 인내의 시간도 필요합니다. 참고 견디며 의견을 조율하고 양보하고 배려하지 않으면 자유롭고 정의로운 세상을 만들 수 없습니다. 보다 나은 세상을 위해서는 차근차근 준비해야 할 일들이 많습니다. 양보와 타협을 위한 인내와 준비는 선택할 수 없는 상황에서 최선의 선택이 아닐까요?

생각 없는 선택의 결과

미국에서 8,500억 원 상당의 복권 당첨자 두 명이 나온 적이 있습니다. 천문학적 당첨금을 거머쥔 사람은 1등을 선택한 게 아니라 당첨을 당했다는 표현이 어울립니다. 우리가 흔히 '운이 좋다'는 말을 할 때는 개인의 선택과 노력이 아닌 결과를 얻었을 경우입니다. 명옥은 기끔 좋은 꿈을 꾸면 복권을 삽니다. 인생은 한 방이라는 생각 때문이 아니라 기분 좋은 행운을 바라는 마음입니다. 지난 세월을 돌아보면 기막힌 선택보다 '운명運命'처럼 행복과 불행이 교차했던 순간이 많았던 게 아닌가 싶습니다. 선택할 수 없는 위기의 순간에는 부처님을 찾았고, 기쁘고 행복한 순간에는 자신의 땀과 노력이 보답을 받은 것 같아 기뻤습니다. 영기가 대학에 합격한 순간, 남편이 세상을 떠날 때, 처음 내 집을 마련했을 때…… 이루 헤아릴 수 없이 많은 행복과 불행이 교차할 때마다 운명처럼 다가온 일들을 받아들였습니다.

대부분의 사람은 자신에게 너그럽고 타인에게 엄격합니다. 인터넷에 오르내리는 사건·사고마다 자기 나름대로 해석한 댓글이 쏟아집니다. 상황과 맥락을 고려해서 현상과 본질을 따져보고 원인과 결과를 자세히 들여다보는 대신, 손쉽게 누군가를 비난하고 조롱합니다. 참고 기다리며 다양한 관점에서 생각할 여유가 없습니다. 선택 가능한 해결책을 제안하거나 앞으로의 일을 세심하게 준비하는 사람은 드뭅니다. 일상생활에서 매일 부딪치는 수많은 일들은 선택할 수 있는 일과 선택할 없는 일이 뒤섞여 있습니다. 조금만 천천히 생각해봅시다. 한 걸음 떨어져서 객관적으로 바라봤는지, 선택의 결과와 그 영향을 고려했는지, 현재 상황과 조건을 감안했는지 말입니다.

연우가 할머니를 위로할 방법은 많지 않습니다. 이야기를 듣고 편들어드리는 일밖에. 손주보다 경험도 많고 눈치도 빠른 명옥이 마

우연이 아닌 선택이 미래를 바꾼다

음이 많이 상한 건 일방적으로 과격한 자기주장만 내세우는 일부 주민들 때문이었습니다. 이 상황에서 명옥이 준비해야 할 일은 무엇일까요? 참고 견딘다고 문제가 해결되지는 않습니다.

우리는 600만 명의 유대인을 학살한 참혹한 범죄자 아돌프 히틀러를 기억합니다. 제2차 세계대전이 끝나고 수많은 전범이 뉘른베르크 법정에 섰지만 유대인 학살의 실무 책임자였던 아돌프 아이히만Adolf Eichmann은 끝까지 숨어 살다가 결국 1960년에 아르헨티나에서 체포되어 2년 후 처형되었습니다. 이 재판을 취재한 한나 아렌트Hannah Arendt는 '악의 평범성에 대한 보고서'로서 《예루살렘의 아이히만》을 발표합니다. 보고서의 결론은 인간은 상황에 따라 얼마든지 악마가 될 수 있다는 사실입니다. 평소 생각이나 행동과 성격이 나쁘기 때문이 아니라 진정한 '사유 불능'을 그 이유로 꼽았습니다. 알지 못하고 내뱉는 비난과 조롱, 감정에만 반응하는 태도, 단순 무식한 성실함이 우리를 악마로 만듭니다. 타인을 비난하고 조롱하기 전에 거울을 들여다봅시다. 선택할 수 없는 상황에 대한 분노 표출 방식은 아닌지, 인내하고 준비할 시간을 소모하는 건 아닌지 말입니다.

선택은
변화와 실천의
시작일 뿐

채영은 대학생이 되자 세상이 조금 달라 보였습니다. 지옥 같은 입시가 끝난 후 밝은 표정으로 지내는 시간이 늘었습니다. 오로지 점수와 등급만 보이던 고등학교 시절은 기억하고 싶지도 않습니다. 어쩌면 이기적 경쟁은 지금부터일지도 모르지만 다른 관점으로 살고 싶습니다. 한 줄 서기는 모든 사람의 자존감을 떨어뜨리기 마련입니다. 사람 사는 세상에서 경쟁을 피할 순 없지만, 모든 인생이 '국영수' 성적순으로 결정될 수도 있다는 생각에 고등학교 시절을 우울하게 보냈기 때문입니다.

채영은 수십 대 일의 경쟁을 뚫고 논술 전형 합격 통보를 받은

우연이 아닌 선택이 미래를 바꾼다

날을 잊을 수가 없습니다. 경쟁에서 이겼다는 승리의 기쁨이 아니라 이제 마음껏 책을 읽고 여행도 다니며 원하는 일을 할 수 있다는 생각 때문이었습니다. 나는 안 될 거야, 원하는 걸 갖긴 힘들어, 내 능력은 여기까지야⋯⋯. 이런 생각을 일기장에 적을 때마다 미래가 보이지 않았습니다. 멀리 떠나고 싶은 적도 있었고, 전부 포기하고 싶은 생각도 들었습니다. 주변의 무표정한 친구들도 별반 다르지 않았습니다.

입시는 대한민국 청소년에게 선택이 아닌 필수입니다. 수능을 거부하는 청소년들도 있고 다른 길을 걷는 친구들의 이야기도 들었지만, 채영은 용기가 나지 않았습니다. 학교를 그만두고 인생을 걸만큼 좋아하는 일이 있는 것도 아니고 특별한 재능을 타고나지도 않은 것 같았기 때문입니다. 유치원 다닐 때부터 발레, 피아노, 그림, 수영 등을 조금씩 시도했지만 자연스레 모두 그만두었고 미련이 남지도 않습니다. 중학교에 입학하자 다른 친구들처럼 입시를 마칠 때까지 굴려야 할 공부라는 커다란 바위가 하나 놓여 있었습니다.

인생에는 수많은 선택지가 있는 것처럼 보이지만 주어진 조건과 환경은 선택할 수 없는 삶의 조건이었습니다. 과연 채영이 선택할 수 없는 것은 무엇이며, 그 선택 과정에서 '자학과 후회' 그리고 '변화와 실천'은 어떤 영향을 미칠 수 있을까요?

자학과 후회

네덜란드의 철학자 스피노자는 "자긍심이란 인간이 자기 자신과 자기의 활동 능력을 고찰하는 데서 생기는 기쁨이다"라고 정의합니다. 자긍심은 자기를 스스로 학대하는 '자학'의 반대 개념입니다. 이는 선택할 수 없는 상황에서 오는 무력감을 견디는 중요한 태도입니다. 자신이 사랑받을 만한 가치가 있는 소중한 존재이며 어떤 성과를 이룰 만한 능력이 있는 사람이라는 믿음입니다. 우리가 흔히 사용하는 자존감으로 이해해도 좋습니다. 자존감은 주관적인 느낌으로 '있는 그대로의 모습에 대한 긍정'을 의미합니다. 선택할 수 없는 성별, 국적, 인종, 외모, 능력에 대한 자신의 평가 방법입니다. 거울에 비친 '나'를 인정하고 긍정하고 사랑하는 태도가 필요하지 않을까요?

채영은 여성, 한국인, 황색 인종으로 21세기를 살아갑니다. 이는 선택할 수 없는 절대 조건입니다. 자신의 외모, 신체적 특징, 타고난 지능은 선택할 수 없습니다. 물론 후천적 노력과 상황에 따라 달라지는 요소가 있을 수 있으나 대체로 이 조건들은 누구도 아닌 '채영'으로 살게 하는 본질적 속성입니다. 이를 긍정적으로 받아들이고, 선택할 수 있고 변화 가능한 일들을 찾는 태도가 채영에겐 필요합니다. 이때 가장 중요한 요소가 '비교'입니다. 모든 인간은 각자 다른 특징을 갖고 태어납니다. 어떤 사람도 완벽하지 않습니다. 한 사람

우연이 아닌 선택이 미래를 바꾼다

이 가진 능력은 각자의 생각과 노력 여하에 따라 전혀 다른 방향으로 전개됩니다. 주어진 조건과 상황에서 선택할 수 있는 조건에 집중하는 태도가 현명합니다.

　과거를 선택할 수 있을까요? 스피노자의 말을 더 들어봅시다. "후회란 우리가 정신의 자유로운 결단으로 했다고 믿는 어떤 행위에 대한 관념을 수반하는 슬픔이다." 한마디로 후회란 모든 불운을 자기 탓으로 돌리는 나약한 마음입니다. 드라마나 영화 중에는 시간 여행자의 이야기가 많습니다. 그때 그 순간을 후회하기 때문입니다. 그러나 역사에는 가정법이 성립하지 않습니다. 사람의 인생도 마찬가지죠. 단 한 번뿐인, 고칠 수 없는 연극이 인생입니다. 그래서 더욱 소중하고 아름답다는 말은 과언이 아닙니다. 모든 순간은 흐르고 나면 돌이킬 수 없습니다. 무얼 하든 안 하든 채영의 인생은 사라집니다. 지나버린 과거가 아닌 현재에만 선택의 여지가 남아 있습니다. '후회'는 지난 일을 돌아보며 성찰과 반성의 시간으로 삼고 시행착오를 거듭하지 않으려는 마음가짐과는 다른 정서입니다.

　선택 불가능한 과거의 시간을 후회하면 자존감이 더 낮아집니다. 자존감을 강화하고 싶은 사람은 자신을 올바르게 인식하고, 있는 그대로의 자신을 받아들여 주체적으로 행동하고, 자기감정을 다루는 연습을 해야 합니다. 자신의 능력을 과장하거나 지나친 자신감으로 일을 그르치는 경우도 많지만, 그보다는 자신감이 없어 망설이고 후회하는 일이 더 많습니다. 후회 대신 도전과 용기가 자존감을 높이는 데 도움을 줍니다.

단 한 순간도 멈추지 않고 흘러가는 삶에서 채영이 선택할 수 있는 것과 선택할 수 없는 것은 무얼까요? 자학하지 않고 후회하지 않는 방법은 없을까요? 그런 완벽한 인생은 없습니다. 그 누구도 부딪치고 넘어지는 건 잘못이 아닙니다. 거기서 일어나지 않는 게 문제죠. 자존감이 높은 사람은 선택할 수 없는 상황을 잘 받아들입니다. 자신의 통제 영역을 벗어난 일을 깨끗하게 단념합니다. '이해와 수용', '대안과 차선', '인내와 준비' 단계로 넘어갑니다. 자학과 후회 대신 '변화와 실천'의 단계로 도약합니다.

살아가면서 우리는 흔히 '인생은 선택'이라는 착각에 빠집니다. 일이 제대로 풀리지 않거나 도전에 실패하면 좌절하고 후회하고 자신을 탓합니다. 자유 민주주의 사회에서는 누구나 원하는 걸 가질 수 있고 노력한 만큼 대가를 얻을 수 있으니, 실패는 모두 개인의 탓이라는 믿음이 지배적입니다. 하지만 사회 구조와 인간 세상의 시스템은 생각보다 견고한 틀로 짜여 있습니다. 쉽게 바꾸기도 어렵고 잘 변하지도 않습니다. 각자의 이익이 다르고, 기득권을 가진 사람들이 가진 걸 지키려는 의지는 변화를 시도하는 사람들의 노력보다 단단합니다. 그러므로 지금 당장 선택할 수 있는 것과 선택할 수 없는 것으로 구분하지 말고, 선택할 수 없다고 생각한 것들을 선택 가

우연이 아닌 선택이 미래를 바꾼다

능한 것으로 바꾸려는 노력이 낫지 않을까요? 무상급식, 육아수당처럼 일상생활이 자연스레 바뀐 경험은 의지에 따라 삶의 조건이 달라질 수 있다는 사실을 깨닫게 합니다. 상상이 현실이 되려면 스스로 변하고 실천하려는 노력이 필요합니다.

변화와 실천

모든 지식의 종착역은 '실천'입니다. 머리에서 가슴까지 가는 길이 가장 멀지만, 가슴에 도달한 깨달음은 발로 전달되어 한 걸음 내디뎌야 합니다. 선택의 길목마다 우리에게 주어진 가장 큰 고민은 '결과'가 아니라 변화와 실천 의지가 아닐까요? 무엇을 할지, 어떻게 해야 할지 고민하지 마세요. 《톰 소여의 모험》, 《허클베리 핀의 모험》으로 유명한 소설가 마크 트웨인 Mark Twain은 이렇게 말했습니다. "20년 뒤, 당신은 했던 일보다 하지 않았던 일 때문에 더 실망할 것이다. 그러니 밧줄을 풀고 안전한 항구를 떠나라. 탐험하라, 꿈꿔라, 발견하라."

채영은 학교에서 돌아오다가 버스를 환승하러 내린 정류장에서 발목을 접질렸습니다. 버스 환승장의 도로와 인도의 연결 블록이 고르지 않고 엇갈리게 튀어나와 발을 딛는 순간 접질리며 인대가 늘어났습니다. 결국 깁스를 하고 한 달이나 애를 먹었습니다. 가로등이 켜지기 직진 땅거미가 질 무렵의 거리는 어둡고 정류장 근처는 혼잡

합니다. 바닥을 보고 천천히 이동하며 웅덩이나 튀어나온 보도블록과 시설물을 잘 살필 겨를이 없습니다. 채영 이외에도 다친 사람이 있을 법합니다. 오늘의 운세를 미리 챙겨 보지 않은 게 잘못일까요? 눈에 불을 켜고 바닥을 확인하며 발걸음을 옮기지 않은 탓일까요? 채영은 국가를 상대로 손해배상 청구 소송을 시작했습니다. 1년이 넘는 길고 지루한 싸움이었습니다. 지방자치단체(지자체)가 공용 도로와 시설물을 제대로 관리하지 못한 책임이 있고, 그로 인해 시민들이 신체에 상해를 입었는데도 사후 보상을 하지 않는 이유를 조목조목 따져 물었습니다.

이 소송을 진행하기 전 채영은 여러 가지 선택지를 두고 고민했습니다. 버스 정류장에 현수막을 걸어 시민들의 주의를 유도할 수도 있고, 구청에 건의해서 조속한 정비와 시설 관리를 요청할 수도 있고, 개인적인 시간과 노력을 줄이기 위해 참고 넘어갈 수도 있었습니다. 그러나 소송을 시작한 이유는 시간적·경제적 손실을 보상받고 싶었고, 시설물 관리에 보다 적극적이고 세심한 배려를 요구하려는 목적이었습니다. 승산 있는 게임인지 따지기 전에 소송 이외의 방법은 없는지 생각했습니다. 채영은 대한민국이라는 선택할 수 없는 조건 안에 놓여 있습니다. 유학이나 이민을 가기 전에는 이곳이 삶의 터전입니다. 민주주의 국가에서 시민의 의무를 다하며 살아야 하고 그에 합당한 권리를 주장하는 연습이 필요하다고 생각했습니

우연이 아닌 선택이 미래를 바꾼다

다. 이기고 지는 싸움이 아니라 국가와 지자체가 이 소송을 통해 자신들의 역할과 의무를 돌아보는 계기로 삼으라는 경고일 수도 있습니다. 국민의 세금으로 생활하는 공무원의 자세, 선출직 정치인들이 지역에 쏟는 관심과 태도를 바로잡으라는 의미도 담았습니다. 소송을 제기하며 채영은 아주 근본적이고 원론적인 문제부터 발목 부상에 이르는 지엽적인 부분까지 꼼꼼하게 챙겼습니다.

개인과 개인은 물론 개인과 학교, 기업, 공공 기관, 국가는 서로 갈등이 발생할 수 있습니다. 지금까지 선택할 수 없는 삶의 조건을 살피면서 그래도 우리가 할 수 있는 일이 없는지 고민했지만, 사소한 일상에서 정치, 경제, 사회, 예술 분야까지 개인의 선택은 언제나 한계에 부딪칩니다. 혼자 할 수 있는 일은 많지 않기 때문에 시민단체를 만들고 노동조합을 결성하기도 합니다. 각자의 이익이 부딪치고 서로의 생각이 달라 갈등을 빚기도 하고 정권을 바꾸기도 합니다. 흔들리지 않고 피는 꽃은 없습니다. 그래도 우리는 최고의 선택을 하려고 노력합니다. 그 선택의 결과에 만족하지 못하더라도 그다음을 기약합니다. 관성적·타성적 사고는 아무것도 변화시키지 못합니다. 나만의 생각이 아니라 우리의 뜻이라면 이야기가 달라집니다. 언제나 그 시작은 작고 보잘것없지만, 누군가 한 사람 두 사람 나서지 않으면 변화와 실천은 불가능합니다.

특히 개인의 선택 문제는 말할 필요도 없습니다. 머릿속에 수많은 생각이 오가고 피할 수 없는 선택의 순간이 오더라도 직접 움직이지 않으면 쓸데없는 공상에 불과합니다. '지금 이대로'가 아니라 조금 더 나은 미래를 위해, 보다 살기 좋은 세상을 위해 우리에게 필요한 건 변화의 의지와 적극적인 실천입니다.

운명에 대한 서로 다른 시각

할아버지와 할머니의 사랑을 넘치도록 받고 자란 채영의 삶은 우연일까요, 필연일까요? 영기와 경화의 딸, 연우의 언니, 명옥의 손주, 태균의 사촌, 혜진의 조카로 태어난 것뿐 아니라 대한민국 여성으로 이 시대를 살아야 하는 조건은 분명 선택할 수 없는 운명입니다. 그러나 주어진 삶의 조건 안에도 선택의 여지가 많습니다.

우리가 지금까지 살펴본 선택할 수 없는 삶의 조건들을 누군가는 '운명'이라 말하고 누군가는 '우연'이라고 생각합니다. 사주를 따지며 태어난 날짜와 시간에 따라 기질과 천성이 결정된다는 통계학을 제시하는 사람도 있고, 별자리와 타로 점을 보며 전공과 배우자를 선택하는 사람도 있습니다. 우연과 필연을 구분하는 일은 쉽지 않습니다. 과학적·수학적 지식은 필연적 인과관계를 모두 설명할 수 있을까요? 자신의 느낌과 감을 믿는 사람은 우연에 기대 사는 사람일까요? 카오스 이론, 엔트로피, 양자물리학, 게임의 법칙, 플라세보 효과 등을 살펴보면 과학에도 우연을 설명하려는 시도와 이론이

우연이 아닌 선택이 미래를 바꾼다

많습니다. 우리에게 필요한 것은 필연적 결과를 기대하는 일도 아니고 '운칠기삼(사람이 살아가면서 일어나는 모든 일의 성패는 운에 달려 있는 것이지 노력에 달려 있는 것이 아니라는 말)'으로 인생을 살아가는 태도도 아닙니다. 냉정하게 거울을 들여다보는 일이 이 책의 출발이자 마지막입니다. 나는 누구일까요? 진짜 나는 어떤 사람인가요?

우주는 나를 중심으로 돕니다. 나를 둘러싼 삶의 조건을 객관적으로 따져보세요. 내가 선택할 수 있는 것과 선택할 수 없는 것이 보이시나요? 시간의 변화에 따라 선택 여부가 바뀔 수 있는 것도 있겠죠?

모든 인간의 삶은 우연과 필연이 끊임없이 교차합니다. 그 불가해한 삶을 파악하려는 노력은 철학으로 시작해서 문학, 역사, 경제, 심리, 과학, 기술에 이르기까지 계속되고 있습니다. 우리가 사는 세상을 이해하고 내 삶을 시공간의 좌표 위에 올려놓으면 객관적 시선으로 자신을 관찰할 수 있습니다. 지나간 시간에 대한 후회와 자학 대신 남은 시간을 향한 실천과 노력, 이것이 선택을 마주하는 최선의 방법입니다. 과거를 향한 소모적 에너지를 미래로 돌려야 할 시간입니다. 바로 지금 당신의 선택이 필요합니다.

선택의 순간,
그 후의 이야기들

태균은 배터리를 한 번 교체했는데도 내비게이션 앱이 자꾸 멈추고 오작동을 일으켜 고민하다가 핸드폰을 교체했습니다. 매번 최신 핸드폰을 구매했지만 이번에는 망설였습니다. 화면 크기, 기능, 디자인이 기존 제품과 차이가 크지 않은데, 가격은 훨씬 오래 사용할 수 있는 노트북의 가격을 추월했기 때문입니다. 태균의 이야기는 제가 겪은 현실입니다. 주변 사람들을 봐도 크게 다르지 않습니다. 생활인에게 '선택'이라는 주제는 나이, 성별, 직업과 관계없이 매우 중요합니다. 그런데도 대부분 사람들은 개인의 취향 문제, 경제적 능력 문제로만 치부합니다. 과연 그럴까요?

선택 약정은 선택 약점을 노립니다. 복잡한 요금 체계와 할부금 이야기를 듣다 보면 합리적 선택이 무엇인지 헷갈립니다. 가성비든 가심비든 어차피 선택에는 장단점이 있고 사람마다 선호가 다를 뿐인 것 같아서 몇 가지 선택지를 두고 고민하다 결정합니다. 옷을 사거나 신발을 고를 때도 비슷합니다. 이렇게 신중하게 선택을 하지만 우리는 대기업의 광고, 이미지, 주변 사람들의 평가에 영향을 받습니다. 선택도 결국 오로지 나만의 결정이 아닌 거죠. 그런데 진짜 문제는 선택의 순간 이후의 이야기들입니다.

미련과 아쉬움을 남기지 않는 미래 지향적 인간은 선택한 다음 다른 선택지를 머릿속에서 삭제합니다. 기꺼운 마음으로 선택한 물건을 사용하며 만족감도 높습니다. 전공, 직업, 사람을 선택할 때도 크게 다르지 않습니다. 현재에 충실하고 이미 결정한 선택을 후회하지 않습니다. 반대로 끊임없이 의심하고 비교하는 과거 지향적 인간도 많습니다. 남들보다 먼저 신제품을 구매하는 얼리어답터는 어느 정도 초기 불량을 감수하는 태도가 필요한데도, 최선의 선택이 무엇인지 확인하고 놓친 물건은 없는지 검색합니다. 망설이고 고민하는 시간이 길다는 건 고만고만한 장점과 단점이 있다는 뜻이거나 취향이 분명하지 않다는 뜻이겠죠.

당신은 어느 쪽인가요? 전자는 세심함이 부족하고 꼼꼼하게 살피지 못하는 단점이 있지만 대체로 선택에 대한 만족도가 높을 겁니다. 후자는 사소한 일에 신경 쓰느라 정작 중요한 선택을 망칠 수도 있지만 꼼꼼하게 비교 검토하고 합리적으로 선택해서 아주 오랫동안 만족감을 느낄 수 있을 테죠. 사람을 두 부류로 나누는 건 불가능하지만, 어느 쪽의 성향이 강한지에 따라 선택의 과정과 결과가 달라집니다.

선택의 문제는 어쩌면 자기 삶의 방법인지도 모릅니다. 어떻게 살 것인지를 고민해본 적이 있다면 어떻게 선택할 것인지의 문제로 바꿔보시기 바랍니다. 그러면 내 선택의 기준, 내가 선택하는 방법이 곧 나라는 사실을 깨닫게 됩니다. 합리적이고 효과적인 선택의 비법이 아니라 세상을 살아가는 삶의 태도와 방법을 스스로 확인해보세요.

지금까지 해왔던 수많은 선택과 앞으로 남은 헤아릴 수 없는 선택의 순간이 모여 내 삶의 결을 만들고 마디를 이룹니다. 부모, 가족, 친구, 연인, 직장 상사에게 선택을 미루고 맡겼다면, 이제는 스스로 선택하고 결과를 책임지는 연습이 필요합니다. 인간은 선택지가 많을수록 심리적 갈등이 심해집니다. 우리는 생각보다 단순한 존재이며, 생각보다 복잡한 모순덩어리입니다. 이해할 수 없는 선택과 알 수 없는 결과가 고스란히 당신을 말해줍니다. 선택과 갈등도, 준비와 결정도 혼자만의 것이 아니라 수많은 사물과 사람과 자연과의 관계라는 사실을 기억하시기 바랍니다. 당신은 그 관계들의 연결 고리에 불과할지도 모릅니다. 자, 이제 당신이 선택할 차례입니다.

《갈릴레오의 두 우주 체계에 관한 대화》, 오철우 지음, 사계절, 2009.

《검은 피부, 하얀 가면》, 프란츠 파농 지음, 노서경 옮김, 문학동네, 2014.

《국민을 그만두는 방법》, 니시카와 나가오 지음, 윤해동 · 방기헌 옮김, 역사비평사, 2009.

《넛지》, 리처드 탈러 · 캐스 선스타인 지음, 안진환 옮김, 리더스북, 2009.

《노년에 관하여 우정에 관하여》, 마르쿠스 툴리우스 키케로 지음, 천병희 옮김, 숲, 2005.

《당신의 인생을 이모작하라》, 최재천 지음, 삼성경제연구소, 2005.

《똑똑한 사람들의 멍청한 선택》, 리처드 탈러 지음, 박세연 옮김, 리더스북, 2016.

《마시멜로 이야기》, 호아킴 데 포사다 · 엘런 싱어 지음, 공경희 옮김, 21세기북스, 2016.

《모두 거짓말을 한다》, 세스 스티븐스 다비도위츠 지음, 이영래 옮김, 더퀘스트, 2018.

《모두를 위한 사회과학》, 김윤태 지음, 휴머니스트, 2017.

《문화예술교육의 이해》, 이정화 지음, 커뮤니케이션북스, 2014.

《사랑의 기술》, 에리히 프롬 지음, 황문수 옮김, 문예출판사, 2006.

《사회학사전》, 고영복 지음, 사회문화연구소, 2000.

《상담학 사전》, 김춘경 외 지음, 학지사, 2016.

《상상의 공동체》, 베네딕트 앤더슨 지음, 윤형숙 옮김, 나남, 2002.

《생각에 관한 생각》, 대니얼 카너먼 지음, 이창신 옮김, 김영사, 2018.

《서양의 고전을 읽는다 1》, 강순전 외 지음, 휴머니스트, 2006.

《선택의 논리학》, 디트리히 되르너 지음, 이덕임 옮김, 프로네시스, 2007.

《선택의 심리학》, 배리 슈워츠 지음, 형선호 옮김, 웅진지식하우스, 2005.

《선택의 심리학》, 쉬나 아이엔가 지음, 오혜경 옮김, 21세기북스, 2012.

《시민의 불복종》, 헨리 데이비드 소로 지음, 강승영 옮김, 은행나무, 2017.

《심리학, 자존감을 부탁해》, 슈테파니 슈탈 지음, 김시형 옮김, 갈매나무, 2016.

《아름다운 마무리》, 법정 지음, 문학의숲, 2008.

《아이 없는 완전한 삶》, 엘렌 L. 워커 지음, 공보경 옮김, 푸른숲, 2016.

《알아두면 마음편한 인생선택》, 스즈키 노부유키 지음, 유가영 옮김, 한샘, 2017.

《야성적 충동》, 조지 애커로프 · 로버트 쉴러 지음, 김태훈 옮김, 알에이치코리아, 2009.

《에티카》, B. 스피노자 지음, 강영계 옮김, 서광사, 1990.

《왜 학교는 불행한가》, 전성은 지음, 메디치미디어, 2011.

《우리는 언젠가 죽는다》, 데이비드 실즈 지음, 김명남 옮김, 문학동네, 2010.

《우연은 얼마나 내 삶을 지배하는가》, 플로리안 아이그너 지음, 서유리 옮김, 동양북스, 2018.

《이기적 유전자》, 리처드 도킨스 지음, 홍영남 · 이상임 옮김, 을유문화사, 2010.

《이솝 우화》, 이솝 지음, 천병희 옮김, 숲, 2013.

《정의론》, 존 롤스 지음, 황경식 옮김, 이학사, 2003.

《존 맥스웰의 태도》, 존 맥스웰 지음, 김홍식 옮김, 국일미디어, 2007.

《종의 기원》, 찰스 다윈 지음, 송철용 옮김, 동서문화사, 2017.

《죽어가는 자의 고독》, 노르베르트 엘리아스 지음, 김수정 옮김, 문학동네, 2012.

《청춘의 문장들》, 김연수 지음, 마음산책, 2004.

《한국의 정체성》, 탁석산 지음, 책세상, 2008.

《피에르 부르디외와 한국사회》, 홍성민 지음, 살림, 2004.

《학교 없는 사회》, 이반 일리치 지음, 심성보 옮김, 미토, 2004.

《한국인의 심리코드》, 황상민 지음, 추수밭, 2011.

《행복한 이기주의자》, 웨인 다이어 지음, 오현정 옮김, 21세기북스, 2013.

《호모 노마드 유목하는 인간》, 자크 아탈리 지음, 이효숙 옮김, 웅진닷컴, 2005.

《호모 루덴스》, 요한 하위징아 지음, 이종인 옮김, 연암서가, 2018.

《희망의 사회 윤리 똘레랑스》, 하승우 지음, 책세상, 2003.

다음 세대에 전하고 싶은 한 가지는 무엇입니까?

다음 세대를 생각하는 인문교양 시리즈 아우름

01 손잡지 않고 살아남은 생명은 없다 | 최재천
★ 아침독서신문 청소년 추천도서 ★ 청소년 북토큰 도서 ★ 학교도서관저널 추천도서 ★ 세종도서 교양도서

02 사랑할 시간이 그리 많지 않습니다 | 장영희
★ 세종도서 문학나눔 도서

03 왜 주인공은 모두 길을 떠날까? | 신동흔
★ 세종도서 문학나눔 도서 ★ 책따세 추천도서 ★ 도서문화재단 씨앗 주제도서

04 인연이 모여 인생이 된다 | 주철환

05 배움은 어리석을수록 좋다 | 우치다 타츠루
★ 올해의 청소년 교양도서 ★ 청소년 북토큰 도서

06 내가 행복한 곳으로 가라 | 김이재

07 새로운 생각은 받아들이는 힘에서 온다 | 김용택

08 노력은 외롭지 않아 | 마스다 에이지

09 내가 읽은 책이 곧 나의 우주다 | 장석주
★ 아침독서신문 청소년 추천도서 ★ 세종도서 교양도서

10 산도 인생도 내려가는 것이 더 중요하다 | 엄홍길
★ 아침독서신문 청소년 추천도서

11 나는 매일 감동을 만나고 싶다 | 히사이시 조

12 정의, 나만 지키면 손해 아닌가요? | 김경집
★ 올해의 청소년 교양도서 ★ 학교도서관저널 올해의 책 ★ 아침독서신문 청소년 추천도서

13 자신만의 하늘을 가져라 | 강판권

14 내 삶의 길을 누구에게 묻는가? | 백승영

15 옛 거울에 나를 비추다 | 공원국

16 세상은 보이지 않는 끈으로 연결되어 있다 | 최원형
★ 세종도서 교양도서 ★ 환경정의 선정 올해의 청소년 환경책 ★ 아침독서신문 청소년 추천도서

17 감정은 언제나 옳다 | 김병수

18 큰 지혜는 어리석은 듯하니 | 김영봉

19 우리는 모두 예술가다 | 한상연
  ★ 아침독서신문 청소년 추천도서

20 인공지능, 아직 쓰지 않은 이야기 | 고다마 아키히코

21 틀려도 좋지 않은가 | 모리 츠요시

22 고운 마음 꽃이 되고 고운 말은 빛이 되고 | 이해인
  ★ 아침독서신문 청소년 추천도서 ★ 학교도서관저널 추천도서 ★ 책따세 추천도서

23 좋은 질문이 좋은 인생을 만든다 | 모기 겐이치로

24 헌법, 우리에게 주어진 놀라운 선물 | 조유진
  ★ 아침독서신문 청소년 추천도서

25 기생충이라고 오해하지 말고 차별하지 말고 | 서민
  ★ 아침독서신문 청소년 추천도서

26 돈과 인생의 진실 | 혼다 켄

27 진실은 유물에 있다 | 강인욱
  ★ 아침독서신문 청소년 추천도서

28 인생이 잘 풀리는 철학적 사고술 | 시라토리 하루히코

29 발견이 전부다 | 권덕형

30 세상이 어떻게 보이세요? | 엄정순

31 상식이 정답은 아니야 | 박현희

32 다르지만 다르지 않습니다 | 류승연
  ★ 학교도서관저널 추천도서

33 잃어버린 지혜, 듣기 | 서정록

34 배우면 나와 세상을 이해하게 됩니다 | 이권우

35 우리 마음속에는 저마다 숲이 있다 | 황경택

아우름 시리즈는 계속 출간됩니다.

아우름 36

우연이 아닌 선택이
미래를 바꾼다

1판 1쇄 인쇄 2019년 1월 24일
1판 1쇄 발행 2019년 2월 11일

지은이 류대성
펴낸이 김성구

책임편집 고혁
단행본부 류현수 현미나
디자인 한아름 문인순
제 작 신태섭
마케팅 최윤호 나길훈 유지혜 김영욱
관 리 노신영

펴낸곳 (주)샘터사
등 록 2001년 10월 15일 제1-2923호
주 소 서울시 종로구 창경궁로35길 26 2층 (03076)
전 화 02-763-8965(단행본부) 02-763-8966(마케팅부)
팩 스 02-3672-1873 **이메일** book@isamtoh.com **홈페이지** www.isamtoh.com

© 류대성, 2019, Printed in Korea.

ISBN 978-89-464-2098-4 04190
ISBN 978-89-464-1885-1 04080(세트)

이 도서의 국립중앙도서관 출판시도서목록(CIP)은 e-CIP 홈페이지
(http://www.nl.go.kr/cip.php)에서 이용하실 수 있습니다. (CIP제어번호: CIP2019002305)

값은 뒤표지에 있습니다.
잘못 만들어진 책은 구입처에서 교환해드립니다.